le Confi... ... lui demander pardon de
nos péchés ; et l'*Ave Maria*, pour honorer
la Sainte-Vierge , et lui demander ses
prières. Tous les Chrétiens doivent savoir
ces prières et les dire au moins tous les jours
le matin et le soir. Ils doivent assister autant qu'ils peuvent, à l'office public de
l'Eglise qui est composé principalement
des Psaumes de David, et est divisé en
sept Heures différentes : Vêpres , Com-
plies , Matines , Prime , Tierce , Sexte et
None. Il faut encore s'appliquer aux prières que disent les Prêtres en célébrant la
messe, en donnant le Baptême et les autres Sacremens ; en faisant l'eau bénite ,

du monde et de la résurrection de Jésus-
Christ. Il faut employer ce jour à prier
Dieu, à s'instruire de la religion, à faire
de bonnes œuvres , à fuir tout péché, et
tout travail qui n'est pas absolument nécessaire.

Questions : Qu'est-ce qu'adorer Dieu ? —
Comment honorons-nous Dieu ? — Comment
montrons-nous que nous aimons Dieu ? —
Est-il permis de rendre honneur aux créa-
tures ? — Est-il permis de jurer ? — Qu'est-ce
qu'un blasphème ? — Quel est parmi nous le
jour du repos ? — A quoi doit-on l'employer ?
— A quoi encore ? — Que faut-il éviter ?

LEÇON XVI.

*Du quatrième , du cinquième et du sixième
Commandemens.*

Le quatrième Commandement or-
donne aux enfans d'honorer leur père et
leur mère , d'écouter leurs instructions,
obéir à leurs commandemens, profiter
de leurs corrections, les servir et les
aider en toutes choses. Les moindres
fautes contre les parens sont de grands
péchés. Il faut aussi respecter nos pères
spirituels , les Evêques, les prêtres, les
pasteurs, les maîtres qui nous enseignent.
Il faut honorer et craindre le roi et ses
officiers, considérant que c'est Dieu qui
les a établis sur nous. Le cinquième Commandement défend de tuer, de frapper,

LEÇO...

Des quatre dernie...

Le septième Com...
prendre le bien d'a...
et par artifice , soit...
vert , comme nous...
l'on nous prît ce q...
avons pris quelque...
dre , autrement le ...

et toutes les autres b...
tiques. Or , ce n'est...
couter ou prononce...
prit n'y est appliqué.
prières et de toute l...
est le signe de la cr...
Dieu en disant : Au...
mant le Père, le Fil...
nous confessons le ...
et en figurant la cro...
marquons le mystè...
tion , et par conséqu...
nation.

Questions : Quelles...
ordinaires des Chrétie...
Confiteor. — A quoi...
péchés? — A quoi sert l...
dire ces quatre prières...
posé l'office de l'Eglise...
est-il distribué ? — Po...
sez que de dire des parol...
de toutes les prières...
chrétienne ? — Que n...
signe de la croix ? — ...
ment de la main ?

LEÇO...

Du Déc...

Le Décalogue , ou...
mens que Dieu donn...
le désert, sont : 1. Tu...
Dieu que moi ; tu n...
ni d'image pour l'ad...

LA GÉOGRAPHIE

ENSEIGNÉE

PAR LE DESSIN.

LA GÉOGRAPHIE

ENSEIGNÉE

PAR LE DESSIN;

OU

MÉTHODE FACILE ET SURE

D'APPRENDRE LA GÉOGRAPHIE PAR LA COPIE DE CARTES GRADUÉES
ET DISPOSÉES POUR CET ENSEIGNEMENT;

Par M. L. LAMOTTE,

Maître de pension, auteur du Cours méthodique de dessin linéaire, du Traité
élémentaire d'arpentage, etc., etc.

PARIS.

LIBRAIRIE CLASSIQUE ET ÉLÉMENTAIRE DE L. HACHETTE,
ANCIEN ÉLÈVE DE L'ÉCOLE NORMALE,
RUE PIERRE-SARRAZIN, N° 12.

1832

PRÉFACE.

On se plaint de la lenteur des progrès en géographie,
et surtout du prompt oubli de connaissances si péni-
blement acquises. Est-ce entièrement la faute des écoliers? est-ce à leur étourderie seule qu'il faut imputer ce
mauvais résultat? nous ne le pensons pas.

En général, on fait apprendre la géographie de mémoire : il faut que les élèves retiennent des noms diffi-
ciles, des nomenclatures qui ne se rattachent à aucune
idée positive. Aussi, malgré les succès momentanés qu'ob-
tiennent certains enfans en répétant d'une manière im-
perturbable des pages et des chapitres entiers de classi-
fication, il arrive ce qui doit naturellement arriver, c'est
que peu de mois suffisent pour détruire jusqu'aux derniers vestiges d'une instruction qui paraissait au premier
aperçu si solidement fixée dans la mémoire.

La vue des cartes pourrait être utile, si les enfans savaient regarder, s'ils savaient fixer leur attention ; mais
ce serait demander au jeune âge une réflexion dont il
n'est pas capable, que d'exiger une impression vive et
profonde de l'examen rapide et momentané d'une carte
destinée à toute une classe.

Les cartes muettes ont rendu sous ce rapport un

grand service à l'enseignement élémentaire de la géographie. Attacher un nom à tous les signes abstraits que l'on rencontre sur la surface d'une carte générale ou particulière, est un travail qui intéresse l'enfant et qui l'amuse.

Mais quel résultat plus avantageux n'obtiendrait-on pas si à la nécessité de regarder, toujours si pénible, si difficile pour des esprits légers et mobiles, on substituait l'action simultanée de la main, des yeux et de l'intelligence ?

Tel est le but que nous nous sommes proposé, en publiant nos cartes de géographie *à projections et littoral*, et *à projections simples*. Nous divisons notre enseignement en trois classes.

Dans la première, les élèves copient les cartes, mais la copie est facilitée par la préparation que nous fournissons, c'est-à-dire par le tracé du cadre, des parallèles, des méridiens et du littoral.

Ils n'ont qu'à placer les capitales, les montagnes, les volcans, qu'à dessiner le cours des fleuves, la limite des états, et qu'à écrire la carte. L'écriture des cartes demande du soin et de la propreté, et par conséquent exerce utilement les élèves.

Dans la deuxième classe, nous ne donnons plus que le cadre et les degrés de latitude et de longitude. Les élèves doivent dessiner le littoral et les îles, pour se préparer insensiblement à la copie complète d'une carte géographique.

Les difficultés du dessin augmentent dans cette classe ; il faut placer les capitales et les villes remarquables, sur la seule indication, faite par le maître, de la latitude et de la longitude. Des explications nécessaires précèdent cet exercice, qui achève de familiariser les jeunes gens avec la situation géographique des lieux.

Personne ne nous blâmera sans doute d'avoir donné sur la France six exercices dans la deuxième classe. Il est honteux de ne pas connaître les divisions de son pays ; et les exercices ont pour but de familiariser promptement et sans efforts avec les différentes circonscriptions civiles, militaires et religieuses. Nous avons aussi indiqué dans cette classe plusieurs applications de la géographie à l'histoire.

Enfin, dans la troisième classe, nous faisons copier une carte sans aucun secours, soit dans les mêmes proportions, soit dans des proportions plus grandes ou plus petites. Comme il s'agit de tracer les projections pour la latitude et la longitude, nous donnons une idée succincte des projections des Mappemondes.

Deux exercices intéressans se rattachent à notre troisième partie, l'étude de la géographie au moyen *des bassins*, et l'étude des *productions industrielles* de chaque pays.

Les cartes que nous publions à l'appui de notre méthode ne sont pas d'invention nouvelle ; ce que nous réclamons, c'est le système d'enseignement. Nous serons amplement dédommagés de notre travail, s'il peut contribuer, comme nous l'espérons, à diminuer les difficultés qui jusqu'à présent ont empêché les enfans de réussir dans l'étude de la géographie.

Indépendamment de l'utilité, on ne saurait imaginer combien nos exercices de dessin géographique amusent les enfans et plaisent aux parens.

Nous n'avons plus qu'un mot à ajouter, c'est que *l'enseignement de la géographie par le dessin* s'applique à toutes les méthodes employées déjà dans les pensions et dans les institutions. Peu importe que l'on suive les méthodes de MM. l'abbé Gaultier, Ansart, Crozat, Michelot, etc., etc., ou celle de M. Mentelle, qui conduit de la commune de Bourges, la plus centrale de la France, à l'étude du globe tout entier. Notre ouvrage n'exige donc ni une géographie particulière, ni un atlas spécial.

LA GÉOGRAPHIE

ENSEIGNÉE

PAR LE DESSIN.

BUT ET DIVISION DE L'OUVRAGE.

On a reconnu depuis long-temps que le meilleur et même le seul moyen d'apprendre la géographie est d'étudier continuellement les cartes générales et particulières.

Les élèves qui retiennent le mieux la position des lieux et les noms des pays, des villes et des autres accidens de notre globe, sont ceux qui, en lisant l'histoire et les ouvrages classiques, ont souvent recours à leur Atlas.

Ils agissent ainsi par une disposition naturelle. Les maîtres qui s'occupent de l'éducation des jeunes enfans en remarquent toujours un certain nombre qui ne se contentent pas de mots et de définitions, ils veulent savoir le pourquoi des choses. Ces mêmes élèves, en général, ne se contentent pas non plus de voir des noms de villes ou de pays cités dans les auteurs, ils veulent connaître la position géographique de ces villes et de ces pays (1).

Partant de ce principe que les yeux doivent venir au secours de la mémoire, un grand nombre de chefs d'institution de Paris et de la province ont fait copier des cartes de géographie à leurs élèves.

C'était une amélioration importante. Elle fut couronnée de succès.

Cependant, il faut l'avouer, la copie des cartes présente de graves inconvéniens dans les commencemens.

En effet, ou les élèves ne tracent pas les projections de

---

(1) Il serait bien important que tous les livres d'histoire mis entre les mains de la jeunesse fussent accompagnés de petites cartes lithographiées.

latitude et de longitude, et alors le travail n'a plus de bases fixes, et le dessin est défectueux; ou ils tracent ces projections au moyen du compas, et alors ils perdent un temps considérable, et ne retirent plus de ce travail les avantages qu'on devait en attendre.

Pour remédier à cet inconvénient, nous divisons notre enseignement de la géographie par le dessin en trois classes bien distinctes.

1re *Classe.* — Nous présentons aux élèves de cette division des cartes préparées où sont indiquées les projections de latitude et de longitude, ainsi que le littoral. Les élèves ont à y dessiner *les montagnes, les fleuves* et *les rivières, les divisions principales, les villes*, etc. Nous indiquerons plusieurs exercices relatifs à la première classe.

2e *Classe.* — Les cartes que l'on remet aux élèves ne contiennent plus que les projections de latitude et de longitude. Ils doivent y indiquer *le littoral, les limites, les îles*, etc., et de plus, tout ce qui a été exigé dans la première classe.

3e *Classe.* — Nous remettons aux élèves une feuille de papier blanc; ils doivent y tracer une carte, d'après les règles que nous leur développons. Ce travail, qui a été précédé par la copie des détails dans les deux premières classes, ne rebute plus les élèves, et ils réussissent, avec un peu de bonne volonté.

On voit que notre méthode consiste à conduire graduellement les enfans à la copie des cartes, et même à leur construction mathématique.

Cette marche est simple et facile; elle convient à toutes les intelligences: les enfans moins adroits resteront plus long-temps dans les premières classes; mais ils ne seront point obligés de copier gauchement et sans utilité des cartes géographiques, comme ils le font actuellement.

Notre méthode n'exige pas que la géographie soit enseignée avec un ouvrage particulier. Elle s'applique également bien dans les établissemens où l'on suit les géographies de l'abbé Gaultier, de Michelot, d'Ansart, de Lacroix, de Mentelle, etc., etc.; c'est un avantage qui sera apprécié par tous ceux qui instruisent la jeunesse.

La géographie qui ne s'appuie que sur la mémoire des mots ne laisse pas de traces profondes dans l'esprit, et n'offre d'ailleurs aucun attrait aux enfans. Le dessin des cartes, au contraire, les amuse et grave non seulement dans la mémoire les noms des états, des villes et des autres accidens géographiques, mais habitue l'œil à apprécier les distances et les rapports de position. Quand un élève a tracé tous les contours du littoral d'un pays, qu'il a écrit des noms d'une orthographe difficile, qu'il a colorié les limites et indiqué par des signes symboliques et conventionnels les circonstances les plus importantes à connaître, il est bien rare que sa mémoire, ainsi aidée, ainsi soulagée, ne retienne pas ce qu'il lui importe le plus de savoir en géographie.

Nos cartes seront très-utiles encore pour l'enseignement de l'histoire. Les professeurs y feront marquer tous les événemens intéressans dont ils auront fait mention dans leur cours. Ainsi, par exemple, s'ils traitent de la campagne de César dans les Gaules, une ligne de vermillon ou de bleu fera suivre pas à pas aux élèves la marche de ce grand général, et gravera pour toujours dans leur mémoire les faits qui s'y rapportent. La nécessité d'écrire près de cette ligne les noms anciens des peuples et des villes qui y correspondent, les fera retenir bien plus facilement qu'un exercice fatigant de la mémoire seule.

On peut se servir de nos cartes pour y indiquer, soit en toutes lettres, soit avec des signes que nous ferons connaître à la fin de ce petit ouvrage, les combats, les traités, les productions naturelles, industrielles, etc. Ces exercices sont d'un grand intérêt et d'une utilité non moins grande.

Lorsque les enfans connaîtront les premiers principes de géographie, des maîtres habiles pourront trouver une foule d'autres applications pour les initier à la *cosmographie* et à la *géographie physique*, suite indispensable des notions élémentaires, ainsi qu'à la *partie historique* et *chronologique*, qui complètent la science appelée *géographie*.

PREMIÈRE CLASSE.

Dans la *première classe* on emploie les cartes à projections et à littoral dessiné.

Voici les cartes dans l'ordre le plus favorable pour l'étude.

1°. Mappemonde.
2°. Europe.
3°. France.
4°. France avec circonscription départementale.
5°. Asie.
6°. Afrique.
7°. Amérique septentrionale.
8°. Amérique méridionale.
9°. Océanie.
10°. Palestine.
11°. Grèce.
12°. Italie.
13°. Angleterre.
14°. Allemagne.
15°. Espagne.
16°. Pays-Bas.
17°. Turquie.
18°. Suède, Norwège et Danemarck.
19°. Russie.

Nous allons indiquer le travail que doivent faire les élèves sur plusieurs de ces cartes.

1°. MAPPEMONDE.

La mappemonde est une carte sur laquelle on doit exercer d'abord les élèves à distinguer les différentes parties du monde.

Cette carte est ronde, parce qu'elle représente la terre, qui est ronde aussi et enveloppée d'une atmosphère de la même forme.

On peut de suite faire reconnaître aux enfans les *quatre points cardinaux*, et leur montrer les *pôles*.

(9)

*l'équateur, les deux tropiques et les deux cercles po-
laires*, en leur indiquant brièvement l'usage de ces différens cercles.

On leur fera copier sur notre mappemonde les divers
accidens du globe. On leur remettra entre les mains
pour deux élèves un modèle quelconque (1). Il arri-
vera le plus ordinairement que les cartes modèles ne seront pas de la même dimension que nos cartes. Mais
les unes et les autres sont divisées en quadrilatères par
les lignes qui sont tracées sur leur surface. Il suffira
donc de copier exactement dans l'un des quadrilatères
de notre carte tout ce qui est contenu dans le quadrilatère correspondant du modèle; en suivant de quadrilatère en quadrilatère, la copie se trouvera exactement
faite. Cette manière de copier une carte s'applique à
toutes celles dont nous parlerons dans le cours de cet
ouvrage.

Au lieu de faire copier confusément, on divisera le
travail en plusieurs leçons.

Première leçon. Indiquer toutes les *capitales* par un
point noir, en observant bien leur position sous les rapports de la latitude et de la longitude. Écrire les noms
de ces capitales en lettres conformes au modèle. Écrire
les noms des mers et des contrées.

Comme on doit exiger une grande propreté et une
grande exactitude dans l'écriture, on pourra diviser
cette leçon en deux.

Deuxième leçon. Dessiner les montagnes.

Troisième leçon. Tracer le cours des fleuves. Il faut
que les élèves apportent beaucoup de soin dans cet
exercice, qui est difficile, si l'on veut conserver la direction exacte des courans.

Quatrième leçon. Tracer la limite des états et termi-
ner les autres détails : les limites des états sont marquées
par une ligne de points horizontaux allongés, coupés
de trois en trois par des petites verticales. (Fig. 1.)

Nous avons indiqué quatre leçons sans vouloir les

(1) Les mappemondes des Atlas de MM. Michelot, Ansart, Dela-
marche, etc., conviennent parfaitement pour cet exercice.

prescrire rigoureusement : il est évident qu'on devra en augmenter le nombre si elles sont courtes, ou si on exige beaucoup de détails dans le dessin.

2°. EUROPE.

On fera copier aux élèves d'après une carte d'Europe quelconque les capitales et les villes principales.

Les villes principales seront indiquées par un point noir, et les capitales par un point entouré d'un petit cercle, comme on peut le voir (figure 2.)

On fera dessiner les montagnes, savoir : les Alpes-Scandinaves entre la Suède et la Norwège, les monts Ourals entre l'Europe et l'Asie, les Pyrénées entre la France et l'Espagne, les Alpes entre la France et l'Italie, les Appennins qui s'étendent dans toute la longueur de l'Italie, les Karpathes dans l'empire d'Autriche, les monts Balkan en Turquie, et le mont Caucase, qui s'étend de la mer Noire à la mer Caspienne.

Les trois volcans principaux, l'Hécla en Islande, le mont Vésuve près de Naples, et le mont Etna en Sicile.

Les élèves, après avoir tracé le cours des fleuves, marqueront les limites des différens états de l'Europe. (Fig. 1.)

Dans la carte d'Europe, on peut dessiner les lacs principaux, savoir : les lacs Wéner et Wetter en Suède ; Ladoga, Onéga, Peipous en Russie ; de Neufchâtel, de Genève, de Lucerne en Suisse ; de Constance entre la Suisse et l'Allemagne ; Balaton et Neusiedel en Hongrie ; les lacs Majeur et de Lugano entre la Suisse et l'Italie ; de Côme et de Comacchio, de Pérouse et de Bolséna, de Célano en Italie ; de Zante en Turquie.

Quand tous ces tracés seront terminés, les élèves écriront les noms des mers et des fleuves, des lacs, des détroits, des golfes, des îles, des presqu'îles, des isthmes et des caps ; des contrées, des montagnes, des volcans. Ils copieront le plus exactement qu'il leur sera possible le genre d'écriture propre à chaque indication.

Cette copie emploiera plusieurs séances. Ce qu'il importe surtout d'exiger de la part des écoliers, c'est la position exacte des lieux et une écriture très-propre, et même très-soignée.

5°. FRANCE.

Cette carte a un intérêt particulier pour nos élèves; avant tout il faut connaître la géographie de son propre pays.

Pour répondre à ce besoin, nous donnons une carte de France sans divisions, et une seconde où les circonscriptions départementales sont tracées.

PREMIER EXERCICE.

Copie exacte de la carte de France en suivant l'ordre indiqué pour celle d'Europe.

DEUXIÈME EXERCICE.

On copiera les divisions de la France en provinces; on sait que la France était autrefois divisée en trente-deux provinces. La connaissance des divisions du royaume de France avant la révolution de la fin du dix-huitième siècle est indispensable pour lire avec fruit les ouvrages d'histoire.

Les trente-deux capitales des anciennes provinces seront marquées par un point noir entouré d'un petit cercle (fig. 2). Les autres villes importantes ne seront indiquées que par un seul point noir. On dessinera, de même que dans le précédent exercice, les fleuves et les rivières principales, et on écrira la carte.

La division des provinces sera indiquée par un trait noir, et mieux encore par un trait colorié. Dans ce dernier cas, les provinces seraient indiquées en provinces du Nord, provinces du Milieu et provinces du Midi. Les circonscriptions provinciales du Nord seraient en *bleu*, celles du Midi en *vermillon*, et celles du milieu en *jaune*.

TROISIÈME EXERCICE.

Pour cet exercice, on se servira de la carte divisée en quatre-vingt-six départemens, y compris l'île de Corse et le comtat d'Avignon. Les chefs-lieux des départemens seront indiqués par un point noir entouré d'un petit cercle, et les chefs-lieux de sous-préfecture seront marqués par un seul point. Paris, comme capitale du royaume, aura la même désignation que les chefs-lieux de préfecture, mais dans une proportion double. Avant de faire écrire les noms des départemens, des chefs-lieux de préfecture et de sous-préfecture, le maître pourra donner quelques explications sur l'étymologie des noms donnés aux départemens, noms qui se rattachent presque toujours aux accidens naturels du pays, tels que rivières, montagnes, etc., etc.

4°. ASIE, AFRIQUE, AMÉRIQUE, OCÉANIE, ETC.

Toutes ces cartes seront copiées par les élèves, en suivant l'ordre que nous avons indiqué pour la mappemonde, l'Europe et la France.

Seulement il suffira de rappeler aux maîtres que les cartes construites sur une grande échelle, telles que les Pays-Bas et la Palestine, doivent contenir plus de détails que les cartes générales de l'Europe, de l'Asie, etc., etc., sans qu'il y ait pour cela confusion.

La confusion, dans une carte destinée aux enfans, est le plus grand défaut à éviter.

Peu de détails dans les commencemens, sachons nous borner à l'indispensable. Quand les points principaux de la géographie seront nettement arrêtés, les détails viendront plus tard s'y rattacher.

Les élèves doivent déjà être habitués à copier avec exactitude. Ils ont dû retenir beaucoup de noms de villes, de fleuves, de montagnes ; ils doivent connaître la position approximative des principaux accidens du globe terrestre.

Il faut maintenant donner à ces connaissances superficielles une exactitude sans laquelle elles seraient inutiles. Ce sera l'objet principal du travail dans la *deuxième classe.*

DEUXIÈME CLASSE.

DES CERCLES ET DES LIGNES.

La terre que nous habitons est, comme nous l'avons dit plus haut, un sphéroïde légèrement aplati au pôle. Pour donner une idée assez exacte de la terre, on se sert dans les classes de globes de carton nommés *globes artificiels*, sur lesquels sont tracés des *cercles* et des *lignes* imaginaires qui servent à faire connaître exactement la situation d'un lieu sur la terre.

Les *cercles* sont de deux espèces, les uns sont appelés *grands cercles*, parce qu'ils sont effectivement les plus grands que l'on puisse tracer sur le globe. Leurs plans passent par le centre de la terre, et la divisent en deux parties égales. Les autres sont appelés *petits cercles*, parce qu'ils sont plus petits que les premiers : leur centre ne correspond pas avec celui de la terre.

Parmi les grands *cercles* on distingue *l'équateur*, situé à distance égale des deux pôles. On l'appelle aussi *ligne équinoxiale*, parce que *l'équinoxe* ou l'égalité du jour et de la nuit a lieu quand le soleil se trouve sur cette ligne.

Le *méridien* d'un lieu est le demi-cercle qui va d'un pôle à l'autre en passant par ce lieu. On le nomme *méridien*, parce qu'il est midi en même temps pour tous les lieux situés sous ce demi-cercle.

La seconde moitié du *méridien* donne minuit pour tous les lieux qui s'y trouvent situés, lorsqu'il est midi sur l'autre moitié.

Mais il n'est pas midi en même temps pour tous les lieux de la terre. Ainsi, en prenant Paris pour point de comparaison, les villes qui sont situées à l'orient de Paris ont midi plus tôt, et celles qui sont situées à l'occident ont midi plus tard.

La terre tourne sur elle-même en vingt-quatre heures. Nous savons que sa circonférence est divisée en 360 parties. Ainsi les 360 degrés passent successivement devant le soleil dans l'espace de vingt-quatre heures. Il suit de là que sous l'*équateur* un espace de terre de la largeur d'un degré ou de vingt-cinq lieues emploie quatre minutes à passer devant le soleil ou la trois cent soixante-troisième partie de vingt-quatre heures. En effet 1440 minutes divisées par 360 donnant 4 pour quotient, il en résulte que 15 degrés passeront en 60 minutes ou une heure.

L'intervalle qui sépare Paris de Vienne, capitale de l'Autriche, étant de près de 15 degrés, quand il est midi à Paris, il est à peu près une heure à Vienne.

Il est facile de voir que le nombre des *méridiens* est infini, puisqu'on pourrait en faire passer un par chaque point de l'*équateur*, mais on comprend aussi que de la multiplicité de ces *cercles* il résulterait une extrême confusion. Sur les mappemondes ils sont tracés de 15 en 15 degrés, et souvent de 10 en 10; sur les cartes ils sont séparés à 10, à 5, à 2, et même à 1 degré d'intervalle, selon la généralité de la carte.

Les petits cercles sont parallèles à l'équateur, et servent à indiquer à quelle distance un lieu se trouve de l'équateur ou du pôle ; ils conservent le nom de *parallèles*.

Leur nombre est infini, puisqu'on peut en faire passer un par chaque point du méridien. Mais comme leur multiplicité introduirait également de la confusion dans les cartes, on les trace en même nombre que les méridiens, c'est-à-dire à 15, à 10, à 5, à 2 et à 1 degré, d'intervalle.

Nous devons faire remarquer que les parallèles prennent sur les mappemondes une forme courbe qui les rapproche et les éloigne inégalement de l'équateur. L'équateur est représenté par une ligne droite dans les mappemondes où le pôle n'est pas incliné. Cette forme courbe est le résultat de la perspective et du tracé des projections.

DE LA LATITUDE ET DE LA LONGITUDE.

L'équateur, les méridiens et les parallèles fournissent les moyens de reconnaître avec précision la position des lieux sur la terre.

On appelle *latitude* la distance ou le nombre de degrés qui se trouvent entre un lieu et l'équateur ; les lieux placés sous l'équateur même n'ont pas de latitude.

La plus grande *latitude* possible est au pôle.

Mais comme la *latitude* n'indique que le parallèle sur lequel est situé un lieu quelconque, et que le parallèle a 360 degrés, ce serait ne rien savoir que de connaître seulement la *latitude*.

Pour préciser la position des lieux on a fait choix d'un méridien que l'on nomme *premier méridien*. Ce fut sous Louis XIII que l'on prit pour premier méridien celui qui passe par l'Ile-de-Fer, la plus occidentale des îles Canaries.

Le géographe Delille a construit le premier des cartes, dans lesquelles il a adopté pour *premier méridien* celui qui passe par l'Observatoire de Paris.

Indiquer à quelle distance ou à combien de degrés un lieu est situé soit à l'orient, soit à l'occident du *premier méridien*, c'est indiquer la *longitude* de ce lieu.

Ainsi la *longitude* est la distance du méridien qui passe par un lieu déterminé, à un autre méridien nommé *premier méridien*.

En combinant la *longitude* et la *latitude* on détermine exactement la situation d'un lieu : en effet, la *latitude*, comme nous l'avons dit plus haut, fait connaître sur quel parallèle ce lieu est situé, et la *longitude* détermine le point précis de ce parallèle par l'intersection du méridien et du parallèle.

La latitude est septentrionale, si le lieu cherché est situé vers le pôle septentrional ou pôle nord : elle est *méridionale*, si le lieu est situé dans un hémisphère méridional.

La latitude septentrionale est nommée encore latitude *nord*, et l'autre latitude *sud*.

La *longitude* se divise en *longitude orientale*, si le lieu est à l'orient du premier méridien, et *longitude occidentale*, s'il est situé à l'occident de ce même méridien. La plus grande *longitude* possible est de 180 degrés, tandis que la plus grande *latitude* n'est que de 90 degrés, puisque le pôle n'est qu'à 90 degrés de l'équateur.

La *longitude* est encore nommée *longitude est* et *longitude ouest*.

On éviterait cette distinction de *longitude est* et de *longitude ouest*, qui peut occasioner des erreurs, en comptant les degrés depuis un jusqu'à 360, au lieu de s'arrêter à 180.

Lorsque les élèves comprendront bien le sens des mots *cercle*, *lignes*, *méridien*, *latitude*, *longitude*, etc., on leur fera faire sur chaque carte les exercices qui vont être indiqués.

EXERCICES DIVERS.

1°. MAPPEMONDE (1).

Pour faciliter le travail du professeur, nous allons faire connaître la longitude et la latitude des principales capitales qu'il faudra marquer sur la mappemonde. Le professeur n'aura qu'à dicter les tableaux suivans :

EUROPE.

	Latitude.	Longitude.		Latitude.	Longitude.
Paris.	48° N.	0°	Copenhague.	55° N.	10° E.
Londres.	51 N.	2 O.	Saint-Pétersbourg.	59 N.	27 E.
Edimbourg.	55 N.	5 O.	Varsovie.	52 N.	18 E.
Dublin.	53 N.	8 O.	Presbourg.	48 N.	14 E.
Madrid.	40 N.	6 O.	Prague.	50 N.	12 E.
Rome.	41 N.	10 E.	Constantinople.	41 N.	26 E.
Stockholm.	59 N.	16 E.			

(1) On suppose que les élèves sont munis de nos mappemondes. Le maître seul a un modèle devant les yeux. Il dicte à haute voix

AFRIQUE.

	Latitude.	Longitude.		Latitude.	Longitude.
Maroc.	30° N.	9° O.	Tripoli.	34° N.	33° E.
Alger.	36 N.	1 E.	Le Caire.	30 N.	28 E.
Tunis.	36 N.	8 E.	Le Cap.	33 S.	16 E.

ASIE.

	Latitude.	Longitude.		Latitude.	Longitude.
Tobolsk.	58 N.	66 E.	La Mecque.	21 N.	37 E.
Jérusalem.	31 N.	33 E.	Ispahan.	32 N.	49 E.
Samarkand.	39 N.	66 E.	Delhy.	29 N.	74 E.
Pékin.	39 N.	114 E.	Ummérapoura.	21 N.	93 E.
Yédo.	36 N.	137 E.			

AMÉRIQUE.

	Latitude.	Longitude.		Latitude.	Longitude.
Québec.	46 N.	73 O.	Lima.	12 S.	79 O.
Washington.	38 N.	78 O.	La Plata.	2 S.	78 O.
Mexico.	19 N.	101 O.	L'Assomption.	25 S.	59 O.
Santa-Fe de Bogota.	4 N.	76 O.	Buénos-Ayres.	34 S.	60 O.
Cayenne.	4 N.	54 O.	San-Yago.	33 S.	73 O.
Rio-Janiéro.	22 S.	45 O.			

E. longitude, signifie longitude à l'Est.
O. longitude, signifie longitude à l'Ouest.
N. latitude, signifie latitude au Nord.
S. latitude, signifie latitude au Sud.
Chaque degré vaut 25 lieues communes.
Chaque lieue commune vaut 2,280 toises.
Le degré vaut donc 57,000 toises.
Chaque minute, ou la soixantième partie d'un degré, vaut 950 toises.
Chaque seconde, ou la soixantième partie d'une minute, vaut 15 toises 5 pieds.

Ordinairement on compte la longitude par *degrés*, *minutes* et *secondes*.

Dans les exercices que nous indiquons, les élèves ne retireraient aucune utilité de la connaissance des minutes et des secondes. Ces déterminations exactes ne peuvent servir que dans les cartes de détail : nous en-

la latitude et la longitude des *capitales*, et sur cette seule indication les élèves doivent placer sans hésitation les points qui les représentent.

gageons les maîtres à ne dicter pour l'*Europe*, l'*Afrique* et les autres cartes, que les degrés, et à dicter les degrés et les minutes pour la *France*, la *Palestine*, les *Pays-Bas* et la *Turquie*.

L'indication des minutes serait même inutile sans une explication préliminaire qui apprendra à estimer les minutes en fractions de degrés.

On sait que 60 minutes valent un degré; par conséquent 32′ représentent un demi-degré à 2 minutes près; 23′ représentent un tiers de degré à 3 minutes près. Si, par exemple, on dicte 43° 32′, l'élève cherchera le 43ᵉ degré et demi. Si on dicte 29° 23′, il cherchera 29 degrés et un tiers environ.

C'est en s'habituant à réduire les minutes en fractions approximatives de degrés, que les élèves peuvent espérer tirer parti de la connaissance des minutes.

2ᵐ. EUROPE.

PREMIER EXERCICE.

Copier exactement le littoral et les limites d'un pays est un travail qui demande quelque habitude et beaucoup d'attention, mais avec lequel cependant on est promptement familiarisé.

Quelque bonne que soit une carte construite sur une petite échelle, c'est-à-dire d'une petite dimension par rapport à l'étendue de pays qu'elle représente, il est évident que le littoral n'est pas la copie fidèle de la nature.

Il y a dans ce genre de dessin beaucoup d'arbitraire.

Cette observation ne doit pas empêcher les élèves de copier le plus fidèlement qu'il leur sera possible la carte modèle; seulement, elle a pour but de les rassurer sur l'omission involontaire de quelques-unes des nombreuses sinuosités dont se compose le littoral de l'*Europe*, de la *France*, de l'*Espagne*, de l'*Italie*, etc.

Ce qu'ils doivent marquer avec une précision rigoureuse, c'est la direction du littoral, c'est la position géographique des caps et des lieux les plus remarquables.

Cette copie est d'autant plus facile qu'il ne s'agit de dessiner, comme nous l'avons fait remarquer plusieurs fois , que ce qui est contenu dans chaque quadrilatère. Quand le premier quadrilatère est copié, on passe au suivant, en allant ordinairement de haut en bas.

Le moyen le plus facile de faire ce dessin est d'employer d'abord pour le tracé un crayon de mine de plomb bien tendre, avec lequel on marque légèrement le contour. Il est préférable de ne pas donner à ce contour beaucoup de sinuosités, mais de bien conserver sa position géographique sous le rapport de la latitude et de la longitude : on dessinera ensuite les îles.

Quand le tracé au crayon est bien en place, on le reprend avec une plume de corbeau et de l'encre de Chine, en développant le mieux qu'il est possible les sinuosités du littoral, des continens et des îles. On enlève ensuite le trait au crayon en frottant avec un morceau de gomme élastique.

Les maîtres comprendront parfaitement, sans qu'on le leur dise, qu'il ne faut pas d'abord exiger un travail très-régulier : on doit proportionner les difficultés à l'âge des élèves.

DEUXIÈME EXERCICE.

*Dans cet exercice le maître dictera les degrés de latitude et de longitude des capitales de l'Europe ; les élèves sur cette seule indication en marqueront la place sur la carte, sans examiner le modèle.

Latitude et longitude des capitales de l'Europe en degrés et en minutes.

		Latitude.		Longitude.	
France.	Paris.	N. 48° 50′		»°	»′
Angleterre.	Londres.	N. 51 30	O.	2	26
Ecosse.	Edimbourg.	N. 55 57	O.	5	32
Irlande.	Dublin.	N. 53 23	O.	8	40
Pays-Bas.	Bruxelles.	N. 50 50	E.	2	2
Hollande.	Amsterdam.	N. 52 22	E.	2	33

		Latitude.	Longitude
Prusse.	Berlin.	N. 52° 31'	E. 11° 2'
Danemarck.	Copenhague.	N. 55 41	E. 10 14
Russie.	St.-Pétersbourg.	N. 59 56	E. 27 58
Pologne.	Varsovie.	N. 52 14	E. 18 42
Autriche.	Vienne.	N. 48 12	E. 14 2
Saxe.	Dresde.	N. 51 2	E. 11 22
Bavière.	Munich.	N. 48 8	E. 9 14
Wurtemberg	Stuttgard.	N. 48 46	E. 6 50
Hongrie.	Presbourg.	N. 48 8	E. 14 50
Bohême.	Prague.	N. 50 5	E. 12 5
Piémont.	Turin.	N. 45 4	E. 5 20
Rᵐᵉ Lombardo-Vénitien.	Milan.	N. 45 28	E. 6 51
Italie.	Rome.	N. 41 53	E. 10 9
Royaume de Naples.	Naples.	N. 40 51	E. 11 57
Turquie.	Constantinople.	N. 41 1	E. 26 35

3°. FRANCE.

PREMIER EXERCICE.

Copie du littoral et des îles. Nous rappellerons que plus l'échelle de la carte est grande, et plus il faut d'exactitude dans le dessin. Ainsi la carte de France, qui est sur une échelle beaucoup plus grande que celle de l'Europe, devra être copiée plus fidèlement dans ses moindres détails.

Notre remarque s'applique surtout aux sinuosités du littoral et des îles.

DEUXIÈME EXERCICE.

Latitude et longitude des principales villes de la France, divisée en quatre-vingt-six départemens.

Les chefs-lieux de préfecture seront indiquées par le signe figuré [fig. 3].

Les chefs-lieux de sous-préfecture seront représentés par le signe figuré [fig. 4].

Les villes importantes qui ne sont ni chefs-lieux de préfecture, ni chefs-lieux de sous-préfecture, seront représentées par le signe figuré [fig. 5].

Nous ne donnons ici que les chefs-lieux de départemens; la position géographique des chefs-lieux de sous-préfecture et des villes les plus importantes donnerait à cet ouvrage plus d'étendue que notre plan ne l'exige.

		Latitude.	Longitude.
SEINE-INFÉRIEURE.	Rouen.	49° 26′ N.	1° 14′ O.
EURE.	Evreux.	49 1 N.	1 11 O.
CALVADOS.	Caen.	49 11 N.	2 41 O.
MANCHE.	Saint-Lô.	49 7 N.	16 32 O.
ORNE.	Alençon.	48 25 N.	2 15 O.
SOMME.	Amiens.	49 53 N.	0 2 E.
PAS-DE-CALAIS.	Arras.	50 17 N.	0 25 E.
NORD.	Lille.	50 37 N.	0 44 E.
MEURTHE.	Nancy.	48 41 N.	3 50 E.
VOSGES.	Epinal.	48 22 N.	1 14 E.
MEUSE.	Bar-le-Duc.	40 14 N.	2 20 E.
MOSELLE.	Metz.	49 7 N.	3 50 E.
BAS-RHIN.	Strasbourg.	48 34 N.	5 24 E.
HAUT-RHIN.	Colmar.	48 4 N.	5 2 E.
DOUBS.	Besançon.	47 14 N.	3 42 E.
HAUTE-SAÔNE.	Vesoul.	47 37 N.	3 49 E.
JURA.	Lons-le-Saulnier.	46 36 N.	3 15 E.
CÔTE-D'OR.	Dijon.	47 19 N.	2 41 E.
YONNE.	Auxerre.	47 47 N.	1 14 E.
SAÔNE-ET-LOIRE.	Mâcon.	46 18 N.	2 29 E.
AIN.	Bourg.	46 12 N.	2 53 N.
RHÔNE.	Lyon.	45 45 N.	2 29 E.
LOIRE.	Montbrison.	45 32 N.	1 42 E.
ISÈRE.	Grenoble.	45 11 N.	3 23 E.
DRÔME.	Valence.	44 55 N.	2 33 E.
HAUTES-ALPES.	Gap.	44 33 N.	3 44 E.
BASSES-ALPES.	Digne.	44 75 N.	3 54 E.
VAR.	Draguignan.	43 34 N.	4 14 E.
BOUCHES-DU-RHÔNE.	Marseille.	43 17 N.	3 2 E.
HAUTE-GARONNE.	Toulouse.	43 35 N.	0 53 E.
TARN.	Alby.	43 55 N.	0 11 O.
AUDE.	Carcassonne	43 12 N.	0 0 E.
HÉRAULT.	Montpellier.	43 36 N.	1 32 E.
GARD.	Nîmes.	43 50 N.	1 58 E.
LOZÈRE.	Mandes.	44 31 N.	1 9 E.
HAUTE-LOIRE.	Le Puy.	45 2 N.	1 32 E.
ARDÈCHE.	Privas.	44 45 N.	2 16 E.
PYRÉNÉES-ORIENTALES.	Perpignan.	42 41 N.	0 33 E.
ARRIÈGE.	Foy.	43 54 N.	1 19 O.
BASSES-PYRÉNÉES.	Pau.	43 15 N.	2 14 O.
GIRONDE.	Bordeaux.	44 50 N.	2 54 O

		Latitude.	Longitude.
DORDOGNE.	Périgueux.	45° 11′ N.	1° 36′ O.
LOT-ET-GARONNE.	Agen.	44 12 N.	1 43 O.
LOT.	Cahors.	44 26 N.	0 53 O.
AVEYRON.	Rhodez.	44 20 N.	0 14 E.
TARN-ET-GARONNE.	Montauban.	44 0 N.	0 59 O.
LANDES.	Mont-de-Marsan.	43 54 N.	2 50 O.
GERS.	Auch.	43 38 N.	1 45 O.
HAUTES-PYRÉNÉES.	Tarbes.	43 13 N.	2 16 O.
CHARENTE-INFÉRIEURE.	La Rochelle.	46 9 N.	3 29 O.
CHARENTE.	Angoulême.	45 38 N.	2 10 O.
VIENNE.	Poitiers.	46 34 N.	1 59 O.
DEUX-SÈVRES.	Niort.	46 20 N.	2 47 O.
VENDÉE.	Bourbon-Vendée.	46 30 N.	4 51 O.
ILLE-ET-VILAINE.	Rennes.	48 6 N.	4 1 O.
LOIRE-INFÉRIEURE.	Nantes.	47 13 N.	3 52 O.
MORBIHAN.	Vannes.	47 39 N.	5 5 O.
FINISTÈRE.	Quimper.	47 58 N.	6 26 O.
CÔTES-DU-NORD.	Saint-Brieux.	48 31 N.	5 4 O.
MAINE-ET-LOIRE.	Angers.	47 28 N.	2 53 O.
SARTHE.	Le Mans.	48 0 N.	2 8 O.
MAYENNE.	Laval.	48 4 N.	3 7 O.
LOIRET.	Orléans	47 54 N.	0 25 E.
LOIR-ET-CHER.	Blois.	47 35 N.	0 59 O.
EURE-ET-LOIRE.	Chartres.	48 26 N.	0 50 O.
SEINE.	Paris.	48 50 N.	0 0 O.
SEINE-ET-OISE.	Versailles.	48 48 N.	0 12 O.
SEINE-ET-MARNE.	Melun.	48 33 N.	0 16 E.
AISNE.	Laon.	49 33 N.	1 17 E.
OISE.	Beauvais.	49 26 N.	0 15 O.
AUBE.	Troyes.	48 18 N.	1 44 E.
HAUTE-MARNE.	Chaumont.	48 6 N.	2 26 E.
MARNE.	Châlons.	48 57 N.	2 1 E.
ARDENNES.	Mézières.	49 45 N.	2 23 E.
NIÈVRE.	Nevers.	46 59 N.	0 49 E.
ALLIER.	Moulins.	46 34 N.	0 59 E.
PUY-DE-DÔME.	Clermont-Ferrand.	45 46 N.	0 45 E.
CANTAL.	Aurillac.	44 55 N.	0 7 E.
HAUTE-VIENNE.	Limoges.	45 49 N.	1 4 O.
CORRÈZE.	Tulle.	45 16 N.	0 33 O.
CREUSE.	Guéret.	46 41 N.	0 28 O.
CHER.	Bourges.	47 4 N.	0 3 E.
INDRE.	Châteauroux.	49 12 N.	0 38 O.
INDRE-ET-LOIRE.	Tours.	47 23 N.	1 38 O.
VAUCLUSE.	Avignon.	43 56 N.	2 28 E.
CORSE.	Ajaccio.	41 51 N.	6 23 E.

TROISIÈME EXERCICE.

Les élèves apprendront, dans cet exercice et dans ceux qui suivront, certaines divisions de la France d'une application fréquente dans le cours de la vie. Les élèves, en général, ont beaucoup de peine à fixer dans leur mémoire toutes ces divisions. C'est ici surtout que l'on reconnaîtra l'utilité et l'importance de nos exercices.

La France est divisée en *vingt divisions militaires.* Chaque division est commandée par un général.

Un trait de vermillon séparera sur la carte les vingt divisions militaires. La ville chef-lieu de la division sera surmontée du chiffre indiquant le numéro d'ordre de la circonscription militaire. (Fig. 6.)

PREMIÈRE DIVISION. *Paris.* — Comprend les départemens de la Seine, de Seine-et-Oise, de Seine-et-Marne, de l'Oise, d'Eure-et-Loire, de l'Aisne, du Loiret.

DEUXIÈME DIVISION. *Châlons-sur-Marne.* — Comprend les départemens de la Marne, des Ardennes, et de la Meuse.

TROISIÈME DIVISION. *Metz.* — Comprend les départemens de la Moselle, de la Meurthe, et des Vosges.

QUATRIÈME DIVISION. *Tours.* — Comprend les départemens d'Indre-et-Loire, de la Sarthe, de Maine-et-Loire, de la Mayenne, et de Loir-et-Cher.

CINQUIÈME DIVISION. *Strasbourg.* — Comprend le Haut-Rhin et le Bas-Rhin.

SIXIÈME DIVISION. *Besançon.* — Comprend les départemens du Doubs, du Jura, et de la Haute-Saône.

SEPTIÈME DIVISION. *Lyon.* — Comprend les départemens du Rhône, de l'Isère, des Hautes-Alpes, de la Drôme, et de l'Ain.

HUITIÈME DIVISION. *Marseille.* — Comprend les départemens des Bouches-du-Rhône, de Vaucluse, du Var, des Basses-Alpes.

NEUVIÈME DIVISION. *Montpellier.* — Comprend les départemens de l'Hérault, du Gard, de l'Aveyron, de l'Ardèche, et de la Lozère.

DIXIÈME DIVISION. *Toulouse.* — Comprend les départemens de la Haute-Garonne, des Pyrénées-Orientales, de l'Aude, de l'Arriége, du Gers, des Hautes-Pyrénées, du Tarn, et du Tarn-et-Garonne.

ONZIÈME DIVISION. *Bordeaux.* — Comprend les départemens de la Gironde, des Basses-Pyrénées, et des Landes.

DOUZIÈME DIVISION. *Nantes.* — Comprend les départemens de la

Loire-Inférieure, de la Charente-Inférieure, des Deux-Sèvres, de la Vendée, et de la Vienne.

TREIZIÈME DIVISION. *Rennes.* — Comprend les départemens de l'Ile-et-Vilaine, du Morbihan, du Finistère, et des Côtes-du-Nord.

QUATORZIÈME DIVISION. *Rouen.* — Comprend les départemens de la Seine-Inférieure, du Calvados, de la Manche, de l'Eure, et de l'Orne.

QUINZIÈME DIVISION. *Bourges.* — Comprend les départemens du Cher, de l'Indre, de la Nièvre, de la Haute-Vienne, de l'Allier, et de la Creuse.

SEIZIÈME DIVISION. *Lille.* — Comprend les départemens du Nord, du Pas-de-Calais, et de la Somme.

DIX-SEPTIÈME DIVISION. *Bastia.* — Comprend le département de la Corse.

DIX-HUITIÈME DIVISION. *Dijon.* — Comprend les départemens de la Côte-d'Or, de Saône-et-Loire, de l'Aube, de l'Yonne, et de la Haute-Marne.

DIX-NEUVIÈME DIVISION. *Clermont.* — Comprend les départemens du Puy-de-Dôme, du Cantal, de la Loire, et de la Haute-Loire.

VINGTIÈME DIVISION. *Périgueux.* — Comprend les départemens de la Dordogne, de la Charente, du Lot, de la Corrèze, et du Lot-et-Garonne.

QUATRIÈME EXERCICE.

La France, sous le rapport du culte catholique, est divisée en *archevêchés et en évêchés.*

Les élèves indiqueront par le signe fig. (7) les siéges archi-épiscopaux, et par le signe fig. (8) les siéges épiscopaux.

Comme les évêchés relèvent des archevêchés, il suffira de déterminer sur la carte les circonscriptions archi-épiscopales par un trait léger de *violet.*

Il y a en France quatorze archevêchés et soixante-six évêchés.

Archevêché de Paris. — Evêchés d'Arras, de Cambrai, de Meaux, de Versailles, de Chartres, d'Orléans, et de Blois.

Archevêché de Rouen. — Evêchés d'Evreux, de Bayeux, de Coutances, et de Séez.

Archevêché de Reims. — Evêchés de Soissons, de Châlons-sur-Marne, de Beauvais, et d'Amiens.

Archevêché de Sens. — Evêchés de Troyes, de Nevers, et de Moulins.

Archevêché de Lyon. — Evêchés de Langres, de Dijon, d'Autun, de Saint-Claude et de Grenoble.

Archevêché de Besançon. — Evêchés de Metz, de Strasbourg, de Verdun, de Bellay, de Saint-Dié, et de Nancy.

Archevêché d'Avignon. — Evêchés de Nîmes, de Valence, de Viviers, et de Montpellier.

Archevêché d'Aix. — Evêchés de Gap, de Digne, de Marseille, de Fréjus, et d'Ajaccio.

Archevêché d'Alby. — Evêchés de Mende, de Rhodez, de Cahors, et de Perpignan.

Archevêché de Toulouse. — Evêchés de Montauban, de Carcassonne, et de Pamiers.

Archevêché d'Auch. — Evêchés de Bayonne, de Tarbes, et d'Aire.

Archevêché de Bordeaux. — Evêchés de Luçon, de Poitiers, de La Rochelle, d'Angoulème, de Périgueux, et d'Agen.

Archevêché de Tours. — Evêchés du Mans, de Rennes, de Saint-Brieux, de Quimper, de Vannes, de Nantes et d'Angers.

Archevêché de Bourges. — Evêchés de Limoges, de Clermont-Ferrand, de Tulles, de Saint-Flour, et du Puy.

CINQUIÈME EXERCICE.

Sous le rapport de l'administration de la justice, la France est divisée en *vingt-sept cours royales*, qui ont dans leur ressort un certain nombre de tribunaux de première instance.

Les élèves indiqueront les siéges des cours royales par les deux lettres C R, disposées comme dans la fig. (9).

Les vingt-sept cours royales ont leur siége à *Rouen, Caen, Amiens, Douai, Nancy, Metz, Colmar, Besançon, Dijon, Lyon, Grenoble, Aix, Toulouse, Montpellier, Nîmes, Pau, Agen, Bordeaux, Poitiers, Rennes, Angers, Orléans, Paris, Riom, Limoges, Bourges et Bastia.*

Sous le rapport de l'instruction publique, la France est divisée en *vingt-six académies,* dont la réunion forme l'*Université.*

Les vingt-six académies ont le même ressort que les cours royales, excepté cependant que la Corse n'a pas d'académie particulière, et relève de celle d'Aix.

La circonscription de la justice et de l'instruction publique sera tracée sur la carte par un filet *vert* (jaune et bleu).

Les villes siéges d'académie sont désignées par un A, comme dans la fig. (10).

Un grand nombre de ces villes étant tout à la fois siéges d'académie et de cour royale, elles seront désignées sur la carte comme dans la fig. (11).

Académie d'Aix. — Comprend les départemens des Bouches-du-Rhône, du Var, des Basses-Alpes, et la Corse.

Académie d'Amiens. — Comprend les départemens de l'Aisne, de l'Oise, et de la Somme.

Académie d'Angers. — Comprend les départemens de Maine-et-Loire, de la Mayenne, et de la Sarthe.

Académie de Besançon. — Comprend les départemens du Doubs, du Jura, et de la Haute-Saône.

Académie de Bordeaux. — Comprend les départemens de la Gironde, de la Charente, et de la Dordogne.

Académie de Bourges. — Comprend les départemens du Cher, de l'Indre, et de la Nièvre.

Académie de Caen. — Comprend les départemens du Calvados, de la Manche, et de l'Orne.

Académie de Cahors. — Comprend les départemens du Lot, du Lot-et-Garonne, et du Gers.

Académie de Clermont. — Comprend les départemens du Puy-de-Dôme, du Cantal, de l'Allier, et de la Haute-Loire.

Académie de Dijon. — Comprend les départemens de la Côte-d'Or, de la Haute-Marne, et de Saône-et-Loire.

Académie de Douay. — Comprend les départemens du Nord et du Pas-de-Calais.

Académie de Grenoble. — Comprend les départemens des Hautes-Alpes, de la Drôme, et de l'Isère.

Académie de Limoges. — Comprend les départemens de la Haute-Vienne, de la Corrèze, et de la Creuse.

Académie de Lyon. — Comprend les départemens du Rhône, de la Loire, et de l'Ain.

Académie de Metz. — Comprend les départemens de la Moselle et des Ardennes.

Académie de Montpellier. — Comprend les départemens de l'Hérault, de l'Aude, de l'Aveyron, et des Pyrénées-Orientales.

Académie de Nancy. — Comprend les départemens de la Meurthe, de la Meuse, et des Vosges.

Académie de Nîmes. — Comprend les départemens de Vaucluse, de l'Ardèche, du Gard, et de la Lozère.

Académie d'Orléans. — Comprend les départemens du Loiret, du Loir-et-Cher, et de l'Indre-et-Loire.

Académie de Paris. — Comprend les départemens de la Seine, de Seine-et-Oise, de l'Aube, de l'Yonne, de Seine-et-Marne, de la Marne, et d'Eure-et-Loire.

Académie de Pau. — Comprend les départemens des Hautes-Pyrénées, des Basses-Pyrénées, et des Landes.

Académie de Poitiers. — Comprend les départemens de la Vienne, des Deux-Sèvres, de la Charente-Inférieure, et de la Vendée.

Académie de Rennes. — Comprend les départemens d'Ille-et-Vilaine, des Côtes-du-Nord, du Finistère, du Morbihan, et de la Loire-Inférieure.

Académie de Rouen. — Comprend les départemens de la Seine-Inférieure et de l'Eure.

Académie de Strasbourg. — Comprend les départemens du Bas-Rhin et du Haut-Rhin.

Académie de Toulouse. — Comprend les départemens de l'Arriége, de la Haute-Garonne, du Tarn, et du Tarn-et-Garonne.

SIXIÈME EXERCICE.

Cet exercice est consacré à la détermination des ports maritimes et marchands, des eaux minérales et des canaux.

Les ports maritimes seront désignés par le signe fig. (12).

	Latitude.	Longitude.
Cherbourg.	49° 38′ N.	3° 57′ O.
Brest.	48 23 N.	6 49 O.
Lorient.	47 45 N.	5 41 O.
Rochefort.	45 56 N.	3 17 O.
Toulon.	43 7 N.	3 35 E.

Les ports marchands seront désignés par le signe fig. (13). Nous n'indiquerons que les principaux.

Ce sont : *le Hâvre, Dieppe, Dunkerque, Calais, Boulogne, Saint-Malo, Morlaix, le Croisic, Nantes, les Sables-d'Olonne, La Rochelle, Bordeaux, Bayonne, Cette, Marseille et Antibes.*

	Latitude.	Longitude.
Le Hâvre.	49° 29′ N.	2° 13′ O.
Dieppe.	49 55 N.	1 15 O.

	Latitude.	Longitude.
Dunkerque.	51° 2′ N.	0° 2′ E.
Calais.	50 57 N.	0 28 O.
Boulogne.	50 43 N.	0 43 O.
Saint-Malo.	48 39 N.	4 21 O.
Morlaix.	48 33 N.	6 8 O.
Le Croisic.	47 17 N.	4 50 O.
Nantes.	47 13 N.	3 52 O.
Les Sables - d'Olonne.	46 29 N.	4 7 O.
La Rochelle.	46 9 N.	3 29 O.
Bordeaux.	44 50 N.	2 54 O.
Bayonne.	43 29 N.	3 48 O.
Cette.	43 23 N.	1 20 E.
Marseille.	43 17 N.	3 2 E.
Antibes.	43 34 N.	4 47 E.

La figure (14) désignera les eaux minérales.

Les eaux minérales de France les plus renommées sont : celles de Saint-Amand, dans le département du Nord ; de Forges, dans le département de la Seine-Inférieure ; de Passy et d'Enghien, près Paris ; de Bourbonne-les-Bains, dans le département de la Haute-Marne ; de Plombières, dans les Vosges ; de Bourbon-l'Archambault et de Vichy, dans le département de l'Allier ; du Mont-d'Or, dans le département du Puy-de-Dôme ; de Balaruc, dans le département de l'Hérault ; de Bagnères et de Baréges, dans les Hautes-Pyrénées.

	Latitude.	Longitude.
Saint-Amand, renommé par ses boues et ses eaux minérales, à cinq lieues au nord de Valenciennes, et à cinquante-trois lieues nord de Paris.	50° 27′ N.	1° 5′ E.
Forges-les-Eaux, à quatre lieues de Neufchâtel, et à vingt-cinq de Paris.	49 38 N.	0 50 O.
Bourbonne-les-Bains, à neuf lieues de Langres, et à soixante-huit lieues de Paris.	47 50 N.	3 16 E.
Plombières, bains chauds, deux lieues de Remiremont.	47 59 N.	4 6 E.
Bourbon-l'Archambault, bains, eau très-chaude, à six lieues de Moulins, et à quatre-vingt-quatre de Paris.	46 35 N.	0 43 E.
Vichy, très-renommé par ses eaux, à quatorze lieues de Moulins, et à quatre-vingt-sept de Paris.	46 10 N.	1 9 E.

	Latitude.	Longitude.
Mont-d'Or. Eaux minérales qui viennent du puits de l'Angle, à huit lieues de Clermont.	45° 40′ N.	0° 14′ E.
Balaruc, à une lieue de Frontignan.	43 25 N.	1 27 E.
Bagnères, à trois lieues de Tarbes.	42 36 N.	2 10 O.
Barèges, à quatre lieues de Bagnères.	42 45 N.	2 14 O.

Les canaux seront indiqués sur la carte par deux lignes parallèles, fig. (15).

Les principaux canaux de la France sont : le canal de *Saint-Quentin*, qui joint la Somme à l'Escaut ; le canal de *Picardie* ou de *Crozat*, qui joint la Seine à l'Oise ; les canaux d'*Orléans*, de *Briare* et de *Loing*, qui joignent la Seine et la Loire ; le canal de *Bourgogne*, qui joint l'Yonne, la Saône et le Doubs ; le canal de *Monsieur*, qui fait communiquer le Rhin et la Saône par le Doubs ; le canal de *Digoin* ou du *Centre*, qui joint la Saône et la Loire ; enfin, le canal du *Languedoc* ou du *Midi*, qui joint la Garonne à la Méditerranée, et fait communiquer cette mer avec l'Océan.

4°. ESPAGNE ET PORTUGAL.

	Latitude.	Longitude.
Alicante.	38° 20′ N.	2° 48′ O.
Aveiro (Portugal).	40 38 N.	11 0 O.
Barcelonne.	41 23 N.	0 8 O.
Barlingue (île).	39 27 N.	11 43 O.
Cabrera (île).	39 7 N.	0 40 O.
Cadix.	36 32 N.	8 37 O.
Cap Bajoli (île Minorque).	40 2 N.	1 32 E.
Cap de Creux	42 19 N.	0 56 E.
Cap de Cullera.	39 9 N.	2 30 O.
Cap Fera (île Majorque).	39 42 N.	1 11 E.
Cap Finistère.	42 54 N.	11 36 O.
Cap Formenton (île Majorque).	39 57 N.	0 58 E.
Cap de Gate.	36 44 N.	4 33 O.
Cap de la Mola-de-Mahon.	39 51 N.	2 5 E.
Cap la Nau.	38 44 N.	2 9 O.
Cap Ortégal.	43 46 N.	10 8 O.
Cap de Palos.	37 37 N.	3 1 O.
Cap Prior.	43 34 N.	10 31 O.
Cap la Roque (Portugal).	38 46 N.	11 45 O.
Cap Saint-Antoine.	38 49 N.	2 10 O.
Cap Saint-Sébastien.	41 53 N.	0 49 E.

	Latitude.	Longitude.
Cap Saint-Vincent (Portugal).	37° 2′ N.	11°21′ O.
Cap Sainte-Marie (Portugal).	37 2 N.	10 12 O.
Cap Saint-Michel (Portugal).	38 25 N.	11 30 O.
Cap Tortose.	40 48 N.	1 47 O.
Cap Toza.	41 42 N.	0 35 E.
Cap Trafalgar.	36 10 N.	8 20 O.
Carthagène.	37 35 N.	3 20 O.
Chipiona (pointe).	36 44 N.	8 44 O.
Coimbre (Portugal).	40 12 N.	10 44 O.
Ferrole (le).	43 29 N.	10 35 O.
Fontarabie.	43 21 N.	4 7 O.
Gibraltar.	36 6 N.	7 39 O.
Lagos (Portugal).	37 6 N.	10 58 O.
Lisbonne (Portugal).	38 42 N.	11 28 O.
Madrid.	40 25 N.	6 2 O.
Malaga.	36 43 N.	6 45 O.
Palme (île Majorque).	39 34 N.	0 19 E.
Palamos.	41 51 N.	0 44 E.
Porto (barre de), Portugal	41 8 N.	10 57 O.
Saint-Sébastien.	43 19 N.	4 18 O.
Santander.	43 28 N.	6 2 O.
Santona.	43 26 N.	5 38 O.
Tagomago (île de).	39 0 N.	0 39 O.
Tarragonne.	41 8 N.	1 4 O.
Vigo.	42 13 N.	10 53 O.

5°. ITALIE ET ILES ADJACENTES.

	Latitude.	Longitude.
Albano.	41 43 N.	10 18 E.
Ancône.	43 37 O.	11 8 E.
Argental (cap).	42 23 N.	8 49 E.
Asinara (île).	41 5 N.	5 57 E.
Bergamo.	45 41 N.	7 20 E.
Bologne.	44 30 N.	9 1 E.
Camerino.	43 6 N.	11 4 E.
Capraia (île).	43 0 N.	7 27 E.
Capréja (île).	41 12 N.	7 8 E.
Civita-Vecchia.	42 5 N.	9 24 E.
Commachio.	44 40 N.	9 49 E.
Crémone.	45 7 N.	7 41 E.
Ferrare.	44 49 N.	9 16 E.
Florence.	43 46 N.	8 55 E.
Gênes.	44 25 N.	6 37 E.
Gorgone (île).	43 25 N.	7 53 E.
Livourne.	43 33 N.	7 56 E.
Lodi.	45 18 N.	7 10 E.

	Latitude.	Longitude.
Lugano.	45° 59′ N.	6° 37′ E.
Malte (île).	35 53 N.	12 10 E.
Mantoue.	45 9 N.	8 28 E.
Milan.	45 28 N.	6 51 E.
Monté-Christo.	42 20 N.	7 57 E.
Naples.	40 51 N.	11 57 E.
Novara.	45 26 N.	6 17 E.
Ostia.	41 45 N.	9 56 E.
Padoue.	45 24 N.	9 31 E.
Palerme (Sicile)	36 6 N.	11 1 E.
Parme.	44 48 N.	8 6 E.
Pavie.	45 10 N.	6 49 E.
Pérouse.	43 6 N.	10 1 E.
Piombino.	42 55 N.	8 10 E.
Pise.	43 43 N.	8 3 E.
Porto.	41 46 N.	9 54 E.
Porto-Ferrajo.	42 49 N.	7 59 E.
Ravennes.	44 25 N.	9 50 E.
Rimini.	44 3 N.	10 12 E.
Rome.	41 53 N.	10 9 E.
Sienne.	43 22 N.	8 50 E.
Tortona.	44 53 N.	6 32 E.
Turin.	45 4 N.	5 20 E.
Urbino.	43 43 N.	10 16 E.
Venise.	45 25 N.	10 0 E.
Vérone.	45 26 N.	8 41 E.

6°. ALLEMAGNE, HONGRIE ET PRUSSE.

	Latitude.	Longitude.
Agria (Hongrie).	47 53 N.	18 1 E.
Augsbourg (Allemagne).	48 21 N.	8 34 E.
Berlin (Prusse).	52 31 N.	11 2 E.
Brandbourg (Prusse).	52 27 N.	10 33 E.
Breslaw (Prusse).	51 6 N.	14 42 E.
Bude (Hongrie).	47 29 N.	16 42 E.
Cassel (Allemagne).	51 19 N.	7 15 E.
Cobourg (duché d'Allemagne).	50 15 N.	8 37 E.
Dresde (Saxe).	51 2 N.	11 22 E.
Eubigheim (Prusse).	54 8 N.	17 1 E.
Francfort-sur-le-Mein (Allemagne).	50 7 N.	6 15 E.
Francfort-sur-l'Oder (Prusse).	52 22 N.	12 13 E.
Fulde.	50 33 N.	7 23 E.
Glukstadt (Holstein).	53 47 N.	7 6 E.
Gotha (Saxe).	50 56 N.	8 23 E.
Goettingen (Hanôvre).	51 31 N.	7 36 E.
Hambourg (ville libre).	53 33 N.	7 38 E.

	Latitude.	Longitude.
Hanôvre (Confédération germanique).	52° 22′ N.	7° 22′ E.
Hedelberg (Bailliage de Bade).	49 22 N.	6 21 E.
Ingolstadt (Bavière).	47 45 N.	9 4 E.
Inspruck (Tyrol).	47 16 N.	9 3 E.
Iéna (Saxe-Weimar).	5o 56 N.	9 17 E.
Riel (Helstein).	54 19 N.	7 48 E.
Kœnigsberg (Prusse).	54 42 N.	18 9 E.
Leipsick (Saxe).	5i 20 N.	1o 1 E.
Manheim (Bude).	49 29 N.	6 7 E.
Munich (Bavière).	48 8 N.	9 14 E.
Neustadt (Bohéme).	47 48 N.	13 53 E.
Nuremberg (Bavière).	49 26 N.	8 44 E.
Oldembourg (duché).	53 8 N.	5 54 E.
Osnabruck (Hanôvre).	52 16 N.	57 o E.
Philisbourg (Bade).	49 14 N.	6 6 E.
Prague (Bohéme).	5o 5 N.	12 4 E.
Presbourg (Hongrie).	48 8 N.	14 5o E.
Ratisbonne (Bavière).	49 o N.	9 46 E.
Soudershausen (Allemagne).	5i 22 N.	8 3o E.
Stade (Hanôvre).	53 36 N.	7 8 E.
Stolberg (Prusse).	5i 35 N.	8 36 E.
Stutgard (Wurtemberg).	48 46 N.	6 5o E.
Tubingen (Wurtemberg).	48 3i N.	6 43 E.
Tyrnau (Hongrie).	48 23 N.	15 15 E.
Vienne (Allemagne).	48 12 N.	14 2 E.
Ulm (Wurtemberg).	48 23 N.	7 38 E.
Warasdin (Hongrie).	46 18 N.	14 5 E.
Weimar (grand duché).	5o 59 N.	9 o E.
Wittemberg (Prusse).	5i 52 N.	1o 25 E.
Wurzen (Saxe).	5i 22 N.	1o 22 E.

7°. HOLLANDE.

Amsterdam.	52 22 N.	2 33 E.
Harlem.	52 22 N.	2 18 E.
La Haye.	52 4 N.	1 58 E.
Leyde.	52 9 N.	2 8 E.
Nimègue.	5i 5i N.	3 3o E.
Rotterdam.	5i 55 N.	2 8 E.
Sardam.	52 28 N.	2 32 E.
Utrecht.	52 5 N.	2 47 E.

8°. SUISSE.

Altorf.	46 55 N.	6 1o E.
Bâle.	47 33 N.	5 15 E.

	Latitude.	Longitude.
Berne.	46° 57′ N.	5° 6′ E.
Fribourg.	46 5o N.	4 47 E.
Genève.	46 12 N.	3 49 E.
Lausanne.	46 31 N.	4 25 E.
Morat.	46 5o N.	4 20 E.
Neufchâtel.	47 5 N.	4 34 E.
Schaffouse.	47 38 N.	6 26 E.
Sion.	46 10 N.	5 2 E.
Zurich.	47 22 N.	6 11 E.

9°. ANGLETERRE, ÉCOSSE, IRLANDE, ETC.

	Latitude.	Longitude.
Aberdeen (Écosse).	57 9 N.	4 26 O.
Bath (Angleterre).	51 22 N.	4 41 O.
Bembridge (île de Wight).	5o 4o N.	3 23 O.
Cambridge.	52 12 N.	2 12 O.
Cantorbéry.	51 16 N.	1 15 O.
Cavan (Irlande).	53 51 N.	9 45 O.
Corke (Irlande).	51 53 N.	10 49 O.
Dorchester.	5o 42 N.	4 45 O.
Douvres (Angleterre).	51 7 N.	1 1 O.
Dublin (Irlande).	53 23 N.	8 4o O.
Dundée (Écosse).	56 25 N.	5 22 O.
Edimbourg (Écosse).	55 57 N.	5 32 O.
Exeter.	5o 44 N.	5 54 O.
Falmouth.	5o 8 N.	7 23 O.
Glascow (Écosse).	55 51 N.	6 37 O.
Greenwich.	51 28 N.	2 20 O.
Jersey (île) à Saint-Aubin.	49 12 N.	4 3o O.
Lézard (cap).	49 57 N.	7 31 O.
Liverpool.	53 22 N.	5 17 O.
Londres (à Saint-Paul).	51 3o N.	2 26 O.
Oxford.	51 45 N.	3 35 O.
Plymouth.	5o 22 N.	6 29 O.
Portsmouth.	5o 48 N.	3 26 O.
Ronaldshay (Orcades).	59 20 N.	5 5 O.
Unst (île Shetland).	6o 44 N.	3 6 O.
Wakefield.	53 41 N.	3 55 O.
Worcester.	52 9 N.	4 20 O.
Yorck.	53 57 N.	3 26 O.

10°. DANEMARCK, SUÈDE, NORVÈGE, ET LAPONIE.

	Latitude.	Longitude.
Abo (Finlande).	6o 27 N.	19 57 E.
Altengard (Laponie).	69 55 N.	20 44 E.
Calmar (Suède).	56 4o N.	14 6 E.

	Latitude.	Longitude.
Cap Nord (Laponie).	71° 10′ N.	23° 40′ N.
Christiania (Norwège).	59 55 N.	8 28 E.
Copenhague.	55 41 N.	10 15 E.
Drontheim (Norwège).	63 26 N.	8 3 E.
Gothebourg (Suède).	57 42 N.	9 37 E.
Hadersleben (Danemarck).	55 15 N.	7 10 E.
Halmstadt (Suède).	56 39 N.	10 31 E.
Hammersfest (Norwège).	70 38 N.	21 23 E.
Helsingborg (Suède).	56 2 N.	10 23 E.
Helsingfors (Suède).	60 10 N.	22 40 E.
Hernoesand (Suède).	62 38 N.	15 33 E.
Cop Hoborg (Danemarck).	56 56 N.	15 50 E.
Husum (Danemarck).	54 28 N.	6 44 E.
Hallandborg (Danemarck).	55 40 N.	8 46 E.
Laholm (Suède).	56 32 N.	10 40 E.
Landskrona (Suède).	55 52 N.	10 30 E.
Lunde (Suède).	58 27 N.	4 15 E.
Malmoe (Suède).	55 36 N.	10 41 E.
Marstrand (Suède).	57 53 N.	9 15 E.
Oland (cap Nord).	57 22 N.	14 46 E.
Randers (Danemarck).	56 27 N.	7 43 E.
Ribe (Danemarck).	55 19 N.	6 27 E.
Stockholm (Suède).	59 20 N.	15 43 E.
Tondern (Danemarck).	54 56 N.	6 33 E.
Tornea (Suède).	65 50 N.	21 52 E.
Upsal (Suède).	59 51 N.	15 18 E.
Viborg (Danemarck).	56 27 N.	7 6 E.

11°. RUSSIE ET POLOGNE.

	Latitude.	Longitude.
Archangel.	64 31 N.	38 23 E.
Arensbourg (île d'Asol).	58 15 N.	20 7 E.
Druja.	55 47 N.	24 53 E.
Glukhow.	51 40 N.	32 0 E.
Jaroslavl.	57 37 N.	37 50 E.
Kazan.	55 47 N.	47 0 E.
Kerson.	46 38 N.	30 18 E.
Kiow.	50 27 N.	28 7 E.
Kola.	68 52 N.	30 40 E.
Mitau.	56 39 N.	21 23 E.
Moscou.	55 45 N.	35 12 E.
Nejine ou Neshin.	51 2 N.	29 29 E.
Orel.	52 56 N.	33 37 E.
Saint-Pétersbourg	59 56 N.	27 58 E.
Petrozavodss.	61 47 N.	32 3 E.
Revel.	59 26 N.	22 14 E.

	Latitude.	Longitude.
Riga.	56° 57′ N.	21° 47′ E.
Sainte-Elisabeth.	48 30 N.	30 7 E.
Samara.	48 29 N.	33 0 E.
Saratof.	51 31 N.	43 40 E.
Taganrock.	47 12 N.	36 18 E.
Tambow.	52 43 N.	39 25 E.
Voronèse.	51 40 N.	37 1 E.
Cracovie (Pologne).	50 3 N.	17 36 E.
Grodno.	53 40 N.	21 29 E.
Kamenetz ou Kamyniek.	48 40 N.	24 41 E.
Mohilew.	53 54 N.	28 4 E.
Varsovie (Pologne).	52 14 N.	18 42 E.
Vilna.	54 41 N.	22 57 E.

12°. TURQUIE D'EUROPE ET GRÈCE.

	Latitude.	Longitude.
Athènes.	37 58 N.	21 25 E.
Bourghas (Romélie).	40 14 N.	24 6 E.
Bukharest (Valachie).	44 26 N.	23 48 E.
Candie.	35 18 N.	22 58 E.
Canée (port de Candie).	35 28 N.	21 52 E.
Corinthe (Grèce).	37 53 N.	20 31 E.
Coron (Grèce).	36 47 N.	19 38 E.
Enos.	40 41 N.	23 38 E.
Gallipoli (Roumili).	40 25 N.	24 17 E.
Jassy (Moldavie).	47 8 N.	25 10 E.
Jenikola ou Larisse.	45 23 N.	34 6 E.
Cap Matapan.	36 23 N.	20 9 E,
Rodosto.	40 58 N.	25 5 E.
Salonique (Roumili).	40 38 N.	20 35 E.
Selevri (Roumili).	41 4 N.	25 50 E.
Tarapia.	41 8 N.	26 40 E.
Ile Tasso.	40 46 N.	22 18 E.
Tokat.	44 41 N.	31 15 E.

13°. AFRIQUE.

	Latitude.	Longitude.
Alexandrie.	31 13 N.	27 35 E.
Alger.	36 48 N.	0 44 E.
Le Caire.	30 3 N.	28 58 E.
Cap Bojador.	26 12 N.	16 47 O.
Ile Tercère.	38 38 N.	29 32 O.
Cap Blanc.	20 46 N.	19 22 O.
Ile Bourbon.	20 51 N.	53 10 E.
Cap de Bonne-Espérance.	33 55 S.	16 2 E.
Cap Vert.	14 43 N.	19 50 O.
Damiette (Egypte).	31 25 N.	29 29 E.

	Latitude.	Longitude.
Ile de Fer (Canaries).	27° 45′ N.	20° 30′ O.
Ile de France.	20 9 S.	55 8 E.
Ile de Gorée.	14 40 N.	19 45 O.
Ile de Loos.	9 27 N.	15 40 O.
Ile de Madère.	32 37 N.	19 16 O.
Oran (Barbarie).	35 44 N.	2 59 O.
Quéné (Egypte).	26 11 N.	30 24 E.
Rosette (Egypte).	31 25 N.	28 8 E.
Cap Sainte-Inès.	54 8 S.	69 17 O.
San-Iago (île du cap Vert)	14 53 N.	25 51 O.
Suez (Egypte).	29 59 N.	30 15 E.
Pic-de-Ténériffe (Canaries)	28 17 N.	19 0 O.
Ruines de Thèbes.	25 43 N.	30 19 E.
Tunis (Barbarie).	36 47 N.	7 51 E.
Tripoli.	34 26 N.	33 31 E.
Ile Sainte-Hélène.	15 55 S.	8 9 O

14°. ASIE.

	Latitude.	Longitude.
Ile d'Amboine.	3 41 S.	125 47 E.
Ile Berhingue.	55 36 N.	165 26 E.
Astracan.	46 21 N.	45 42 E.
Bacahim (Indes).	19 19 N.	70 20 E.
Bagdad.	33 19 N.	42 4 E.
Bombay (Indes).	18 56 N.	70 18 E.
Calcutta (Indes).	22 34 N.	86 5 E.
Canton (Chine).	23 8 N.	110 42 E.
Cap Carmel (Syrie).	32 51 N.	32 29 E.
Chandernagor (Indes).	22 51 N.	86 9 E.
Ile Cummin (Chine).	31 40 N.	119 20 E.
Ile d'Agelet.	37 22 N.	128 37 E.
Cap d'Anville (Japon).	31 27 N.	129 7 E.
Goa (Indes).	15 31 N.	71 25 E.
Ispahan.	32 24 N.	49 30 E.
Jérusalem.	31 47 N.	33 0 E.
Macao (Chine).	22 12 N.	111 15 E.
Madras (Indes).	13 4 N.	77 56 E.
Malaca (Indes).	2 10 N.	99 45 E.
Moka (Arabie).	13 16 N.	40 50 E.
Moulky (Indes).	13 5 N.	77 28 E.
Nangasaky (Japon).	32 45 N.	127 31 E.
Nankin (Chine).	32 4 N.	116 27 E.
Cap Négrais (Indes)	16 2 N.	91 52 E.
Cap Noto (Japon).	37 39 N.	135 14 E.
Nagara (Indes).	13 49 N.	72 42 E.
Pékin (Chine).	39 54 N.	114 7 E.
Pondichéry (Indes).	11 55 N.	77 31 E.

	Latitude.	Longitude.
Ile du Prince-Édouard (mer des Indes).	46° 46′ S.	35° 34′ E.
Ryacotta (Indes).	12 31 N.	75 43 E.
Ile Sainte-Claire (Japon).	35 45 N.	127 34 E.
Seringapatam (Indes).	12 25 N.	74 21 E.
Selinguiskoi-Ostrog.	51 6 N.	104 18 E.
Shipunskoi-Noss (Kamtschatka).	52 55 N.	157 22 E.
Siam (Indes).	14 20 N.	98 30 E.
Sinope (Turquie Asiatique).	42 2 N.	32 21 E.
Tobolsk.	58 11 N.	65 46 E.
Tortosa.	34 50 N.	33 31 E.
Trébizonde (Turquie).	41 2 N.	37 7 E.
Tripoli (Syrie).	34 26 N.	33 31 E.
Cap Comorin.	7 56 N.	75 12 E.
Trinkmalay (Ceylan).	8 32 N.	78 52 E.
Surate.	21 10 N.	70 0 E.

15°. AMÉRIQUE SEPTENTRIONALE.

	Latitude.	Longitude.
Acapulco.	16 50 N.	102 9 O.
Boston (Etats-Unis).	42 22 N.	73 19 O.
Cambridge (Etats-Unis).	42 23 N.	73 24 O.
Campèche (Mexique).	19 50 N.	92 50 O.
Cap Anguille (Terre-Neuve).	47 55 N.	61 42 O.
Cap Charles (baie d'Hudson).	62 46 N.	76 35 O.
Cap Farewell (Groënland).	59 42 N.	47 36 O.
Cap Pembroke (baie d'Hudson).	62 57 N.	84 20 O.
Cap Raze (Terre-Neuve).	46 40 N.	55 23 O.
Cap de Sable (Arcadie).	43 23 N.	67 50 O.
Colombia.	46 19 N.	126 14 O.
Port du Prince-de-Galles (baie d'Hudson).	58 47 N.	96 27 O.
Gothab (Groënland).	64 9 N.	54 10 O.
Guadalazara (Mexique).	21 9 N.	105 22 O.
Halifax (Acadie).	44 44 N.	65 56 O.
Ile Anticosti (Canada).	49 25 N.	65 68 O.
Ile Longue (Etats-Unis).	44 17 N.	71 4 O.
Ile Saint-Pierre (Terre-Neuve).	46 46 N.	58 30 O.
Ingornachoix (Terre-Neuve).	50 37 N.	59 35 O.
Mexico.	19 25 N.	101 25 O.
New-Yorck (Etats-Unis).	40 40 N.	76 18 O.
Norriton (Etats-Unis).	40 9 N.	77 53 O.
Nouvelle-Orléans.	29 57 N.	92 26 O.
Philadelphie (Etats-Unis).	39 56 N.	77 31 O.
Portsmouth.	43 4 N.	73 3 O.
La Providence (Etats-Unis).	41 50 N.	73 40 O.
Québeck (Canada).	46 47 N.	73 30 O.
Port Saint-Jean (Terre-Neuve).	47 33 N.	55 0 O.
Vera-Cruz (Mexique).	19 11 N.	98 29 O.

	Latitude.	Longitude.
Baie de la Trinité.	41° 3' N.	126° 14' O.
Cap Elisabeth.	59 9 N.	153 27 O.
Cap Grégory.	43 23 N.	126 30 O.
Cap Saint-Lucas.	22 42 N.	112 4 O.
Pointe de la Conception.	34 30 N.	122 27 O.
Valladoiid.	19 42 N.	103 12 O.
Wasington (Etats-Unis).	38 55 N.	79 19 O.
Port des Français.	58 36 N.	139 46 O.
Port de Los Remedios.	57 24 N.	138 14 O.
La Havanne.	23 10 N.	84 43 O.
Cuba.	19 57 N.	78 24 O.
Ville des Cailles.	18 11 N.	76 3 O.
Ville du cap Français	19 46 N.	74 35 O.
Santo-Domingo.	18 28 N.	72 10 O.
Ile la Tortue.	20 0 N.	74 55 O.

16°. AMÉRIQUE MÉRIDIONALE.

	Latitude.	Longitude.
Arica (Pérou).	18 26 S.	72 39 O.
Buénos-Ayres (Paraguay).	34 35 S.	60 51 O.
Cap Blanc (terre de Magellan).	47 16 S.	68 19 O.
Cap Frio (Brésil).	22 54 S.	43 56 O.
Cap de Horn (terre de Feu).	55 58 S.	69 41 O.
Cap Pilares (terre de Feu).	52 46 S.	77 14 O.
Cap Saint-Antoine (Buénos-Ayres).	36 52 S.	59 7 O.
Cap des Vierges (terre de Magellan).	52 21 S.	70 37 O.
Carthagèna.	10 25 S.	77 50 O.
Cayenne (Guyane).	4 56 S.	54 35 O.
Conception (Chili).	36 49 S.	75 25 O.
Copiapo (Chili).	27 10 S.	73 25 O.
Coquimbo.	29 54 S.	73 39 O.
Rivière de Gallegos (terre de Magellan).	51 40 S.	71 25 O.
Guayaquil.	2 11 S.	82 16 O.
Ile Diégo-Ramirez.	56 27 S.	70 59 O.
Maldouade (Paraguay).	34 56 S.	57 11 O.
Montévideo (Paraguay).	34 54 S.	58 34 O.
Ile Anguille.	18 12 N.	65 33 O.
Barbade (Antilles).	13 5 N.	62 1 O.
Dominique (Antilles).	15 18 N.	63 52 O.
Guadeloupe.	15 59 N.	64 8 O.
Jamaïque (Port-Royal).	18 0 N.	79 4 O.
Fort de la Martinique.	14 35 N.	63 29 O.
Tabago.	11 10 N.	62 47 O.
Moxillones (Pérou).	23 5 S.	72 45 O.
La Desirade (Antilles).	16 20 N.	63 22 O.
Port-Royal (Martinique).	14 35 N.	63 26 O.
Gros-Morne (Guadeloupe)	16 20 N.	64 11 O.

	Latitude.	Longitude.
La Plata (Pérou).	2° 23′ S.	78° 11′ O.
Olinda de Fernambouc (Brésil).	8 13 S.	37 25 O.
Panama.	8 58 N.	81 47 O.
Quito (Pérou).	0 13 S.	81 5 O.
Valdivia (Chili).	39 51 S.	75 46 O.
Valparaiso (Chili).	33 1 S.	74 3 O.
Ylo (Pérou).	17 36 S.	73 30 O.
Lima (Pérou).	12 2 S.	79 27 O.
Rio—Janeiro (Brésil).	22 54 S.	45 5 O.
Sacramento (Paraguay).	34 25 S.	60 12 O.
Saint-Paul (Brésil).	23 33 S.	48 59 O.
Ile Sainte-Catherine (Brésil).	27 21 S.	50 24 O.

17°. OCÉANIE.

	Latitude.	Longitude.
Cap Hamelin (Nouvelle Hollande).	12 18 S.	134 40 E.
Cap Borda (Nouvelle Hollande).	35 45 S.	134 15 E.
Botany-Bay (Nouvelle Hollande).	34 6 S.	148 54 E.
Cap Buffon (Nouvelle Hollande).	27 36 S.	137 49 E.
Cap Capricorne (Nouvelle Hollande).	23 28 S.	144 28 E.
Cap Cléveland (Nouvelle Hollande).	19 17 S.	139 39 E.
Ile de Diémen.	43 38 S.	144 30 E.
Baie du Géographe (Nouvelle Hollande).	33 27 S.	112 39 E.
Ile King (Nouvelle Hollande).	39 35 S.	141 32 E.
Manilles (Philippines).	14 36 N.	118 38 E.
Ile Peleu.	17 18 N.	132 30 E.
Port du Roi-Georges.	35 5 S.	115 54 E.
Ile Salomon (cap Surville).	10 50 S.	160 1 E.
Cap Vendiémen (Nouvelle Hollande).	16 32 S.	137 29 E.
Pointe Sainte Ildephonse (Manilles).	15 5 N.	133 25 O.
Détroit de Cook.	41 15 S.	192 32 O.
Ile Owhyhi (Sandwich).	21 10 S.	162 14 O.
Ile Hogolen.	9 30 N.	156 15 O.

18°. GRÈCE ANCIENNE.

Les professeurs d'histoire ou les instituteurs qui voudraient donner à leurs élèves des notions historiques se serviront avec avantage de notre carte de la Grèce ancienne.

Ils feront écrire les anciens noms des états et des villes de la Grèce. Ils feront tracer sur la carte, par une ligne coloriée, l'expédition des Grecs contre la ville de Troie; la colonie conduite par Didon et son établissement sur les côtes d'Afrique, où elle bâtit Carthage ; l'expédition d'Enée, conforme au récit de Virgile ; les différentes colonies qui vinrent s'établir dans la Grèce et y fondèrent les principaux états (1) ; les diverses invasions des Perses dans la Grèce, et enfin la célèbre expédition d'Alexandre-le-Grand.

Ces lignes coloriées donnent aux enfans une idée plus exacte de ces faits, qui, sans cela, n'offrent pour eux que confusion et désordre.

Les élèves représenteront par le signe (fig. 16) les principaux combats dont la Grèce fut le théâtre.

Nous n'entrerons pas dans de plus grands détails relativement au parti que l'on peut tirer des cartes géographiques, pour donner une idée plus sensible des principaux événemens de l'histoire. Chaque professeur emploiera, pour seconder son enseignement, les exercices qui lui sembleront les plus convenables.

19°. ITALIE ANCIENNE.

La carte de l'Italie ancienne ne doit contenir que le nom des villes et des lieux qui ont un rapport direct avec les événemens historiques.

Des lignes coloriées indiqueront les expéditions de Pyrrhus et d'Annibal, et les diverses invasions des Gaulois, etc., etc.

Les batailles seront désignées par le signe (fig. 16).

20°. GAULES.

Les guerres de César contre les Gaules, conformes aux Commentaires que nous a laissés cet illustre Romain, seront indiquées par des lignes coloriées, ainsi que les invasions successives des barbares.

On pourra également indiquer par des lignes co-

(1) Les *Athéniens* eurent pour fondateur *Cécrops*, en 1582. Les *Thébains* eurent pour fondateur *Cadmus*, en 1549. Les *Spartiates* eurent pour fondateur *Lélex*, en 1516. Les *Corinthiens* eurent pour fondateur *Sisyphe*, en 1370. Les *Mycéniens* eurent pour fondateur *Persée*, en 1348.

loriées les accroissemens successifs de la monarchie française.

Les exercices, sur cette carte, sont tellement multipliés, qu'il nous suffira d'en avoir indiqué quelques-uns des principaux.

21°. PALESTINE.

L'Histoire du peuple de Dieu, par Bossuet, tient un rang important dans l'enseignement de l'histoire. Notre carte de la Palestine étant sur une assez grande échelle, il sera facile d'y indiquer tous les principaux événemens qui se sont succédé depuis Abraham jusqu'à la destruction du royaume de Judée, sous Titus, soixante-dix ans après Jésus-Christ, et jusqu'à leur dispersion sous l'empereur Adrien, 139 ans après Jésus-Christ.

On distinguera les royaumes d'Israël et de Judas par des couleurs différentes, pour éclaircir cette partie de l'histoire sainte qui présente aux élèves le plus de confusion.

22°. PAYS-BAS.

Les Pays-Bas ont été le théâtre des guerres les plus sanglantes. On y indiquera les batailles qui y furent livrées par les Français, à différentes époques mémorables.

Les quatre cartes que nous venons d'indiquer sont celles qui fournissent, sans contredit, le plus grand nombre d'événemens à constater. Nous sommes certains que des exercices appropriés à l'âge des élèves et à la nature de l'enseignement seront d'un grand secours aux enfans pour graver dans leur mémoire la chaîne des événemens historiques.

TROISIÈME CLASSE.

Dans les deux premières classes nous avons fait copier aux élèves les noms des villes, des pays et des accidens du globe; plus tard, ils ont dessiné le littoral, les îles, etc.; ils doivent être familiarisés avec les points principaux de la géographie; ils peuvent donc à présent, dans la troisième classe, copier une carte avec intelligence, soit en conservant les dimensions du modèle, soit en augmentant ou en diminuant ses proportions.

Pour suivre l'ordre de difficultés, nous supposerons d'abord que l'on veuille copier une carte dans les dimensions du modèle.

Il se présente deux moyens différens : on peut *calquer une carte* ou la *dessiner au compas*.

Calquer est une opération qui n'offre point de difficulté bien grande, mais qui ne présente aucun avantage dans notre méthode, puisque nous avons suppléé à la nécessité de calquer en donnant des cartes avec leurs projections.

On ne devra donc calquer que dans le cas où l'on voudrait avoir une carte d'une grande dimension, et qu'on serait trop pressé pour employer le second procédé que nous allons indiquer plus bas.

Dans les arts, on a souvent besoin de calquer, soit au carreau, soit au piquoir. (Pour cette opération, voir mon *Traité d'arpentage et de levée des plans*.)

Quand on veut copier au compas, on commence par faire sur le papier un cadre absolument semblable à celui de la carte modèle. Voici la construction géométrique : On tire une horizontale de la même longueur que la base du cadre, et à chacune des extrémités on élève une perpendiculaire. Il ne s'agit plus que de prendre sur ces deux perpendiculaires une longueur égale à celle des côtés du cadre, et à joindre les deux sommets de ces perpendiculaires par une droite.

Un cadre se compose ordinairement de plusieurs lignes ; on en fait aujourd'hui de très-ornés, et qui sont d'un fort bel effet. Nous engageons les élèves à faire des bordures très-simples ; ce serait perdre un temps précieux que d'y ajouter des ornemens. Les cadres de nos cartes ont deux traits doubles à trois lignes de distance.

Sur le haut et le bas de la carte sont indiqués les degrés de longitude, et sur les côtés ceux de latitude.

On appelle *intersections* les points où se coupent les parallèles et les méridiens.

Au milieu de la base on élevera une perpendiculaire ou *méridien principal*. Dans notre carte d'Europe, c'est le méridien qui passe par le 15e degré de *longitude est*. On marquera sur ce méridien toutes les intersections avec les différentes parallèles ; il suffit pour cette opération de prendre sur le modèle les distances au compas, et de les reporter sur la copie.

Pour tracer les méridiens de droite et de gauche, il ne s'agira que de marquer les intersections au moyen de deux arcs de cercle tracés, l'un de chaque point d'intersection du méridien principal, pris comme centre, et l'autre des points 10 et 20 de la base, en supposant, comme nous l'avons dit plus haut, que le méridien passe par le 15e degré de *longitude est*. Quand tous les points déterminés par l'intersection des arcs de cercle se trouveront indiqués sur la copie, on les joindra par des droites. L'ensemble de ces droites donnera deux nouveaux méridiens et des portions de parallèles. On continuera de proche en proche à tracer les méridiens et les parallèles suivans, et la copie se trouvera divisée en autant de quadrilatères qu'il y en a dans le modèle.

Il restera à copier exactement ce qui est dessiné dans chaque quadrilatère de la carte modèle, comme dans la seconde classe. On aura soin de copier aussi l'échelle qui accompagne la carte, et qui sert à mesurer, au moyen du compas, les distances d'une ville à l'autre, et des autres accidens géographiques.

La position exacte de chaque lieu peut être indiquée encore par deux ouvertures de compas. En effet, la situation d'une ville sur une carte est déterminée par deux distances : la distance horizontale au bord latéral, et la distance verticale au bord inférieur ou supérieur. ab, fig. (17), est la distance verticale ; ac est la distance horizontale.

Remarquons bien que ces distances ne sont pas la longitude et la latitude ; car la longitude et la latitude sont indiquées par les parallèles et les méridiens, et sont représentées par des lignes courbes dans toutes les cartes, tandis que nos verticales et nos horizontales sont des lignes droites.

Pour faire comprendre aux jeunes gens les principes de la construction des cartes géographiques, il est indispensable d'entrer dans quelques détails.

La terre que nous habitons est une sphéroïde ; par conséquent, la représentation la plus simple et la plus naturelle de la terre est une boule ou un globe.

Mais ces globes que l'on fait ordinairement en carton (1) sont d'une médiocre étendue, et alors ils sont presque entièrement inutiles. En effet, l'Europe n'y occupant que l'espace de quelques pouces carrés, les détails ne peuvent y figurer, et l'on n'y peut pas même indiquer les petits états, à plus forte raison les villes du premier et du second ordre.

Les globes d'un diamètre de cinq à six pieds pourraient remédier à une partie de cet inconvénient, mais ils sont d'un prix très-élevé, et en outre d'un usage incommode dans une classe nombreuse, puisque très-peu d'élèves à la fois pourraient l'examiner. On a eu recours à un moyen ingénieux, c'est de représenter le globe sur une surface plane.

Mais comme on ne peut voir à la fois que la moitié du globe ou un hémisphère, la mappemonde se compose de deux hémisphères tangens l'un à l'autre.

(1) On construit en ce moment à Paris des globes en peau de baudruche, sur la surface desquels seront dessinées les différentes parties du monde. Ces globes se gonfleront avec de l'air que l'on y soufflera, et pourront ensuite être réduits au plus petit volume.

Le dessin d'un globe sur une feuille de papier est une représentation en perspective qui peut être faite à plusieurs distances.

« Dès le temps de Ptolémée (dit M. Lacroix dans son
« introduction à la *géographie-mathématique*), on avait
« remarqué qu'en faisant passer le tableau (c'est le plan
« sur lequel se projettent les différentes parties de chaque
« hémisphère) par le centre de la sphère ; et en plaçant
« le point de vue à l'extrémité du rayon mené perpen-
« diculairement à ce plan, tous les cercles du globe
« avaient pour perspective d'autres cercles dont la con-
« struction était facile, et qui se copiaient dans la carte
« sous les mêmes angles que sur la sphère , en sorte que
« les quadrilatères sphériques rectangles, compris entre
« les méridiens ou les parallèles, y étaient représentés
« par des quadrilatères curvilignes aussi. Mais il faut
« bien observer que cette similitude n'a lieu que par rap-
« port aux espaces très-petits : telles sont les conven-
« tions qui ont donné lieu à la projection stéréographi-
« que, et les principales propriétés dont elle jouit. »

La figure 18 représente ces projections. On voit, en
y jetant les yeux, que les quadrilatères du centre sont
plus petits que les autres, et que ceux qui se rappro-
chent de la circonférence augmentent beaucoup de grandeur. Il n'y a donc plus de rapport réel entre la distance
des lieux et le dessin, puisque les quadrilatères du centre
représentent en réalité autant de surface que les quadrilatères à la circonférence, quoiqu'il y ait sur le plan une
grande différence entre eux.

Cette projection est celle qui est adoptée dans presque
tous les atlas élémentaires.

Si on se place à une distance un peu grande du
globe, les projections donnent un résultat tout contraire. (Fig. 19.)

Dans cette projection, nommée *projection orthogra-
phique*, les quadrilatères du centre sont les plus grands,
et ils diminuent d'une manière sensible à mesure qu'on
s'approche de la circonférence. Cette projection ne
fait donc pas non plus connaître exactement la distance

des lieux par le dessin, puisque les quadrilatères du centre représentent en réalité la même surface que les quadrilatères à la circonférence.

Il existe une autre projection (fig. 20), dans laquelle les espaces sont beaucoup moins dissemblables que dans les deux projections précédentes. Les diamètres et les demi-circonférences sont divisées en parties égales.

Nous allons indiquer le tracé au compas de cette projection.

Tirez une ligne A B, fig. 21, que l'on divisera en quatre parties égales AD, DC, CE et EB. (Nous supposons que l'on connaît les constructions géométriques les plus simples : consulter, dans tous les cas, mon *Traité élémentaire d'arpentage*, ou la deuxième édition de mon *Cours méthodique de dessin linéaire.*)

Au point D, et avec un rayon égal à DA, décrivez une circonférence; avec le même rayon du point E, décrivez une autre circonférence; ces deux circonférences sont tangentes en C. Divisez AC en douze parties égales, pour avoir des méridiens de 15 degrés en 15 degrés. Si les hémisphères étaient d'une dimension plus considérable, et qu'on voulût avoir des divisions de 10 degrés en 10 degrés, on partagerait AC en dix-huit parties égales. Les divisions de la ligne AC seront portées sur CB— FG—IK. Ces quatre lignes sont égales, car ce sont des diamètres. On divisera aussi chaque quart de circonférence en six parties, pour avoir des parallèles de 15 degrés en 15 degrés, ou en neuf parties égales, s'ils doivent être espacés de 10 degrés en 10 degrés.

Tracé des parallèles. Soit trois points par lesquels on veut faire passer un parallèle : on les réunira par deux droites, et on élevera sur le milieu de l'une d'elles seulement une perpendiculaire qui coupera le diamètre GF prolongé. Le point d'intersection est le centre du cercle auquel appartient l'arc qui passera par les trois points donnés. Si on fait la même construction pour le parallèle qui passe par les trois points de la division suivante, on trouvera le centre de l'arc cherché. En continuant de la même manière, on tracera tous les parallèles. Il faut remarquer que les parallèles tracés dans un demi-hémisphère conviennent aux trois autres : il suffira en effet de prolonger les diamètres, et de prendre sur chacun d'eux les mêmes distances obtenues sur le premier.

Tracé des méridiens. Les arcs de méridien sont plus faciles à décrire que les parallèles. Les constructions géométriques indiquées sur la figure 21 suffisent pour faire connaître la marche à suivre, qui est fondée sur le même principe que le tracé des parallèles ; il suffit de faire observer que tous les méridiens passent par les pôles.

Dans les trois projections fig. 18, 19, 20, les pôles sont aux extrémités du principal méridien : on construit des Mappemondes dans lesquelles les pôles sont au centre : cette projection est nommée *projection polaire;* elle a pour objet de donner une idée exacte des régions polaires que les Mappemondes ordinaires font assez mal connaître.

Certaines Mappemondes sont construites selon l'élévation du pôle ; dans cette projection l'équateur est une courbe.

Enfin on voit des Mappemondes construites pour l'horizon d'un lieu déterminé. Supposons que l'on construise une Mappemonde pour l'horizon de Paris, Paris sera au centre de la carte. Cette projection a pour objet particulier de bien faire connaître les lieux circonvoisins (1).

Nous ne présenterons pas les constructions géométriques de ces diverses projections, il nous suffit de les avoir nommées : si l'on comprend ces principes, on comprend aussi pourquoi les cartes d'Europe, d'Asie, etc., de France, d'Italie, etc., étant des parties de Mappemondes, sont divisées par des parallèles et des méridiens curvilignes.

Les cartes sont *générales* ou *géographiques*, lorsqu'elles représentent ou la terre entière, ou une partie de la terre, telles que les Mappemondes, les cinq parties du monde, la France, etc.

(1) Mercator a développé la surface sphérique comme si la terre était un cylindre; il en résulte que les méridiens et les parallèles se coupent à angles droits, et forment des rectangles.

Particulières ou *chorographiques*, lorsqu'elles représentent une moindre étendue, comme la carte du canton de Berne, la carte du département du Cher, etc.

Topographiques, lorsqu'elles ne représentent qu'une très-petite étendue de pays, et qu'on y trouve les moindres détails, tels que les moulins, les bois, les vallées, etc., etc.

Dans les cartes générales, les méridiens et les parallèles sont des lignes courbes; mais dans les cartes particulières, les quadrilatères sont presque des parallélogrammes.

Pour copier une carte quelconque au moyen du compas, il faut tracer le cadre comme nous avons dit plus haut, et ensuite le méridien principal, qui est toujours perpendiculaire sur le milieu de la base. Quand on aura marqué tous les points d'intersection, il n'y aura plus qu'à joindre tous ces points par des droites. Par ce moyen, au lieu d'avoir des courbes, on n'aura que des lignes brisées, mais elles suffisent très-bien pour l'objet que nous nous proposons. On pourrait encore joindre trois points d'intersection par des droites, et élever des perpendiculaires sur ces droites; leur point d'intersection serait le centre d'un cercle qui satisferait à la question. Un inconvénient de ce procédé, c'est que, dans les cartes particulières, le centre se trouve à une distance considérable. Aussi dans la pratique on emploie une règle flexible au lieu d'un compas.

Quand on se propose au contraire d'augmenter ou de diminuer les proportions d'une carte, il faut changer l'échelle.

Toutes les cartes, excepté les Mappemondes, sont accompagnées d'une échelle, qui est ordinairement divisée en lieues communes de France.

On trace la ligne qui doit servir d'échelle, et que l'on divise de la même manière que l'échelle de la carte modèle.

Lorsqu'on a pris une mesure sur la carte, on porte l'ouverture de compas sur l'échelle, on voit combien de lieues elle comprend, et on prend le même nombre de lieues sur la seconde échelle. La proportion voulue se trouve conservée par ce moyen dans toutes les parties.

On augmente ou l'on diminue l'échelle selon le but que l'on se propose, selon la grandeur de la carte modèle, et selon les dimensions du papier.

Pour éviter tout embarras, il faut d'abord tracer le cadre que l'on veut avoir : on mesure ensuite la base du modèle et celle de son cadre; et le rapport de ces deux bases fournit la longueur de l'échelle. Dans cette proportion on connaît les longueurs des deux bases, et une échelle, le quatrième terme donne la longueur de l'échelle de la copie.

Au moyen de l'échelle, on trace les points d'intersection, et par suite les parallèles et les méridiens; il ne reste plus qu'à suivre le dessin de chaque quadrilatère.

Nous n'entrerons pas dans des détails qui nous éloigneraient de notre plan : les élèves savent copier les cartes, les réduire ou les augmenter, c'en est assez pour étudier la géographie d'après notre méthode.

Les divers exercices que nous avons prescrits ont dû apprendre aux élèves, tout en les amusant, plus de noms, plus de positions, en un mot plus de géographie que n'auraient pu le faire en beaucoup de temps les efforts les plus pénibles de la mémoire : c'est le but que nous nous sommes proposé.

PREMIER EXERCICE : FRANCE DIVISÉE PAR BASSINS.

Un des meilleurs moyens de division naturelle est la division par bassins et par lignes de partage des eaux. Cette manière d'envisager la géographie lui donne le caractère de science, que l'on ne retrouve ni dans les limites artificielles et politiques des états, ni dans les limites naturelles du globe.

Les maîtres qui désireront étudier la géographie sous ce point de vue, adopté aujourd'hui généralement dans l'enseignement publique, liront avec fruit les ouvrages de MM. Letronne, Lacroix, Bailleul, Ansart, etc. Le *Bibliomappe* de M. Bailleul leur fournira toutes les connaissances désirables sur les divisions de la terre, sous le rapport des bassins et des lignes de partage des eaux.

Nous allons indiquer comme modèle d'exercice la division de la France par bassins.

Les élèves traceront en couleur différente les fleuves qui arrosent la France; ils donneront la même couleur à toutes les rivières qui composent un même bassin.

Les eaux suivent la pente des terrains.

Les *ruisseaux* formés par une ou plusieurs sources se réunissent selon leurs différentes pentes et forment une *rivière*.

Les rivières se réunissent dans un grand cours d'eau que l'on nomme *fleuve*, et qui va se jeter dans la *mer*.

L'ensemble de toutes les pentes qui aboutissent au fleuve et y amènent les ruisseaux et les rivières est ce qu'on appelle *un bassin*.

La France peut être divisée en cinq bassins, savoir : 1° le bassin de la Seine ; 2° le bassin de la Loire ; 3° le bassin de la Garonne ; 4° le bassin du Rhône ; et 5° le bassin du Rhin.

1°. BASSIN DE LA SEINE.

La Seine part de deux sources, l'une au midi, l'autre à l'est de Chanceaux, bourg situé à 22° 22′ de longitude E., et de 47° 32′ de latitude N., dans les montagnes de la Côte-d'Or.

Elle va se jeter dans l'Océan, vis-à-vis le Hâvre, après un cours de 116 lieues de l'est à l'ouest; elle traverse les départemens de la Côte-d'Or, de l'Aube, de Seine-et-Marne, de Seine-et-Oise, de la Seine, de l'Eure et de la Seine-Inférieure.

Les affluens principaux de la Seine sont : sur la rive droite, l'*Aube*, qui prend sa source sur les confins des départemens de la Haute-Marne et de la Côte-d'Or. La *Marne*, qui descend du plateau de Langres dans le département de la Haute-Marne, et se réunit à la Seine à peu de distance au-dessus de Paris. L'*Oise*, qui arrive à la Seine grossie des eaux de l'Aisne.

Les affluens de la rive gauche sont : l'*Yonne*, qui sort des montagnes du Morvant, et dont les affluens sont :

la Cure, le Serain, l'Armançon et l'Avanne. Le *Loing*, qui se jette dans la Seine à peu de distance de Fontaine-bleau; un canal fait communiquer la Loire à la Seine, c'est le canal de Briare et le canal du Loing. L'*Essone*, petite rivière qui prend sa source près de Neuville, et se jette dans la Seine à Corbeil, après avoir recueilli les eaux de l'OEu et de la Juine. L'*Eure*, qui prend sa source dans la forêt de Logni, reçoit la Voise, l'Iton, etc., et se jette dans la Seine un peu au-dessus du Pont-de-l'Arche. La *Rille*, qui prend sa source à Saint-Vaudrille, et qui se jette dans la Seine, entre Quillebœuf et Hon-fleur. La *Bièvre*, petite rivière qui prend sa source près de Versailles, traverse le faubourg Saint-Marceau à Paris, et se jette dans la Seine au-dessus du Jardin des Plantes.

La Seine arrose Châtillon, Bar-sur-Seine, Troyes, Méry, où elle commence à être navigable; Montereau, où elle reçoit l'Yonne; Nogent, Melun, Corbeil; reçoit la Marne, traverse Paris, passe à Saint-Cloud, Saint-Germain, Poissy; reçoit l'Oise, passe à Meulan, à Mantes, à Vernon, à Pont-de-l'Arche, Elbeuf, Rouen, Caudebec, Quillebeuf, Harfleur, Honfleur et le Hâvre-de-Grâce.

L'Aube passe à La Ferté, à Bar, à Clermont, à Arcy, à Plancy et à Anglure.

La Marne passe à Chaumont, Joinville, Épernay, Saint-Dizier, Vitry-le-Français, Châlons, Château-Thierry, La Ferté-sous-Jouarre, Meaux, Lagny; reçoit la Treire, le Rognon, la Saulx, grossie de l'Ornin, la Chée et l'Ourcq; reçoit à gauche la Suize, la Blaise, le grand et le petit Morin; son cours est de 92 lieues.

L'Oise passe à Hirson, La Fère, Chauny, Noyon, Com-piègne, Sainte-Maxence, Creil, Beaumont, l'Ile-Adam et Pontoise.

L'Yonne passe près de Corbigny, Clamecy, où elle commence à porter bateau; passe à Crévant, Auxerre, Joigny, Villeneuve-le-Roi, Sens, Pont-sur-Yonne.

L'Eure passe à Houdan, Maintenon, Passy, Courville, Chartres, Nogent-le-Roi, Ivry, Louviers.

La Rille passe à l'Aigle, Rugles, Beaumont-le-Roger et Pont-Audemer.

Le Loing passe à Blénau, Châtillon, Montargis, Ne-
mours, Moret.

L'Essonne passe à Pithiviers, à Malesherbes, La Ferté,
Essonne.

L'Orge passe à Dourdan, à Arpajon.

La Bièvre passe à Buc, Arcueil, Gentilly.

2°. BASSIN DE LA LOIRE.

C'est la rivière de France dont le cours a le plus d'é-
tendue. Elle sort du mont Vésin dans les Cévennes, département de l'Ardèche; elle roule du sud au nord jusqu'à Briare; ensuite elle prend son cours de l'est à
l'ouest pendant 220 lieues. Elle reçoit les affluens dont
les principaux sont : l'*Arroux*, la *Nièvre*, la *Mayenne*,
l'*Allier*, le *Loiret*, le *Cher*, l'*Indre*, la *Vienne*, la *Sèvre-
Nantaise*, la *Sarthe* et le *Loir*.

La Loire passe au Puy, arrose Saint-Rambert, Feurs et
Roanne, où elle commence à être navigable; passe à
Digoin, Nevers, la Charité, Cône, Briare, Saint-Far-
geau, Orléans, Beaugency, Blois, Amboise, Tours, Sau-
mur, Ancenis, Nantes et Paimbeuf.

L'Arroux prend sa source près d'Arnay-le-Duc, passe
à Autun, Toulon, Guérignon; traverse le département
de Saône et Loire, reçoit à droite le Creuzevant, à gauche la Bourbince et l'Oudache, et se jette dans la Loire
au-dessus du port de Digoin.

La Nièvre, petite rivière qui prend sa source à Mon-
tenoison, passe à Prémery, Guérigny, et se rend dans la
Loire à Nevers.

La Mayenne prend sa source aux environs de Mortain,
passe à Ambrières, Mayenne, Laval, Château-Gontier,
où elle commence à porter bateau; Angers. La Mayenne
a 45 lieues de cours; elle reçoit la Calmont, l'Ernée,
l'Oudon, la Varenne, l'Aisne, la Jouanne et la Sarthe, et
se jette à une lieue au-dessous d'Angers.

L'Allier prend sa source dans le département de la
Lozère, passe à Brioude, à Issoire, à Vichy, à Moulins,
et se rend dans la Loire au-dessous de Nevers, après un

cours de 72 lieues; elle reçoit la Dore, le Sichon, le Mourgon et le Valençon, le Suéjols, l'Alagnon, la Crous, l'Antier et l'Ambenne; elle reçoit encore l'Andelot, la Queugne, l'Ours et la Bioudre.

Le Loiret porte bateau presqu'à sa source, et tombe dans la Loire près de Saint-Mémin, après 2 lieues de cours.

Le Cher prend sa source dans le département du Puyde-Dôme, passe à Eveaux, Montluçon, Châteauneuf, Ménetous, Saint-Agnan, Chenonceaux, et se jette dans la Loire au-dessous de Langets. Le Cher a 70 lieues de cours; il reçoit le Charrot, la Viouse, la Magieure, la Queugne et l'Arnon.

L'Indre prend sa source dans le département de l'Indre, passe à la Châtre, au Bourg-Dieu près Châtauroux, Buzançois, Châtillon, Loche, Cormery, Mont-Bazon, et se jette dans la Loire entre le Cher et la Vienne au port du Blérois; elle reçoit l'Igneray, l'Indrois et la Vauvre, dans un cours de 50 lieues.

La Vienne prend sa source dans le département de la Haute-Vienne, passe à Saint-Léonard, Limoges, Aix, Saint-Junien, Chauvigni, Châtellerault, Chinon; elle reçoit la Maudre, le Thorion, la Creuse, l'Ardour, le Vincou, le grand et le petit Briance, le Clain, grossi par dix rivières, et se jette dans la Loire à Condé.

La Sèvre Nantaise passe à Saint-Lambert, Mortagne, Tiaugés, Clisson; reçoit le Moine, la Sangoise et la Maine, et se jette dans la Loire vis-à-vis Nantes.

La Sarthe prend sa source à Somme-Sarthe, à deux lieues de Mortagne, arrose Alençon, Beaumont, le Mans et Sablé; son cours est de 60 lieues. Elle reçoit à droite le Sarton, la Gray, l'Erve et le Vaige; à gauche l'Orne, l'Huisne, et se rend dans la Mayenne, à deux lieues au-dessus d'Angers.

Le Loir prend sa source aux étangs de l'abbaye du Loir, passe à Illiers, Bonneval, Châteaudun, Vendôme, Château-du-Loir, la Flèche, Duretal; il reçoit l'Ouranne, la Braye, le Tusson, la Veure, la Connié et la Fare, et se jette dans la Sarthe au-dessous d'Angers, après 60 lieues de cours.

3°. BASSIN DE LA GARONNE.

Nous nous sommes un peu étendu sur les bassins de la Seine et de la Loire, pour donner une idée de ce genre d'exercice, mais nous abrégerons les détails dans les trois derniers bassins. La Garonne sort des Pyrénées dans la vallée d'Aran; elle traverse les départemens de la Haute-Garonne, de Tarn-et-Garonne, de Lot-et-Garonne et de la Gironde. Quand elle reçoit la Dordogne au Bec d'Ambez, elle prend le nom de Gironde, et va se jeter dans la mer à la tour de Cordouan après un cours de 140 lieues.

La Garonne passe par Aran, Saraucolin, Montrejau, Saint-Gaudens, Cazères, Carbonne, Muret, où elle devient navigable; Toulouse, où elle communique avec le canal de Languedoc; Verdun, Saint-Nicolas, Agen, Aiguillon, Tonneins, Marmande, la Réole, Bordeaux, Blaye et Castillon.

Parmi les rivières reçues par la Garonne, nous citerons sur sa rive droite l'*Arriège*, qui sort des Pyrénées, et se réunit à la Garonne à deux lieues et demie au-dessus de Toulouse; le *Tarn*, qui sort des Cévennes et reçoit les eaux de l'*Agoul* et de l'*Aveyron;* le *Lot*, dont la source est dans les Cévennes au mont Lozère; la *Dordogne*, composée de la *Dore* et de la *Dogne*, qui viennent du Mont-d'Or. Les affluens de la Dordogne sont la *Vézère* et l'*Isle*.

La Garonne reçoit sur sa rive gauche la *Save*, la *Gimone*, le *Gers* et le *Baïse*.

4°. BASSIN DU RHONE.

Le Rhône prend sa source à la *Furca*, montagne de la Suisse, traverse le lac de Genève, arrive en France jusqu'à Lyon, et de là se rend dans la Méditerranée par un cours de 220 lieues. Il est d'une grande rapidité.

Le Rhône passe à Genève, à Lyon, baigne Vienne, Tournon, Valence; passe au pont Saint-Esprit, Avignon, Beaucaire, Tarascon, Arles, et se jette dans le golfe de Lyon par trois embouchures : le *Gras de Sauret*, Saint-Anne et le *Grand-Gras*.

Les affluens du Rhône sont en France, sur la rive droite, l'*Ain*, qui prend sa source dans le Jura ; la *Saône*, qui descend des plateaux de Langres, arrose Châlons et Mâcon, et vient se jeter dans ce fleuve à Lyon ; l'*Ardèche*, qui vient des Cévennes, et n'a que 18 lieues de cours : cette rivière tombe dans le Rhône entre Saint-Marcel et le pont Saint-Esprit ; le *Gard*, qui prend sa source dans les Cévennes, et vient se jeter dans le Rhône au-dessous de Beaucaire.

Le Rhône reçoit sur sa rive gauche l'Isère, qui prend sa source dans le mont Iseran aux confins du Piémont et de la Savoie ; la Drôme, qui descend de la chaîne des Alpes, et qui dans vingt-quatre lieues de cours n'est pas navigable.

La Durance, qui sort du Mont-Genèvre dans les Alpes, et se jette dans le Rhône un peu au-dessous d'Avignon, après un cours de 70 lieues.

5°. BASSIN DU RHIN.

Le Rhin prend sa source au mont Saint-Gothard en Suisse, et se jette dans la mer du Nord par plusieurs embouchures.

Le Rhin passe à Huningue, au Vieux-Brisac, à Fort-Vauban, Lauterbourg, et pénètre dans la Hollande par plusieurs branches.

Ses affluens principaux sont : l'*Ill*, qui sort du Mont-Terrible au nord du Jura, et baigne Strasbourg avant de se réunir au fleuve. La *Moselle*, formée de deux bras, l'un qui vient du Ballon d'Alsace, et l'autre du Gros-Ventrou, pic de la chaîne des Vosges, et qui reçoit la *Seille*, l'*Orne*, la *Meurthe* et la *Sarre*.

La Meuse, qui a sa source dans les Vosges, au Plateau de Langres, et qui reçoit la Sambre, l'Ourthe, la Roër, la Givonne et le Bar.

On peut donner à cet exercice un grand intérêt, en offrant le cours exact des affluens, et les particularités remarquables qui signalent leur cours.

DEUXIÈME EXERCICE : FRANCE INDUSTRIELLE.

On n'indiquera sur la carte que les villes les plus remarquables par leurs produits industriels.

Ainsi on signalera les manufactures de draps de *Louviers*, de *Sedan*, d'*Elbeuf* et de *Reims*, qui livrent au commerce les draps fins ; les manufactures de *Châteauroux*, de *Tours*, de *Lodèves*, de *Castre* et de *Carcassonne*, qui fabriquent de gros draps destinés aux classes peu aisées de la société et à l'habillement des troupes.

Les filatures de coton sont répandues par toute la France ; cependant on peut distinguer *Lille*, *Saint-Quentin*, *Jouy*, *Rouen* et *Mulhouse*, où l'on prépare les étoffes.

Nos manufactures de toiles sont en *Normandie*, en *Flandre*, en *Picardie* et en *Alsace*.

Reims, *Beauvais*, *Soissons*, *Amiens* et *Aubusson* sont célèbres par leurs manufactures de tapis.

Les étoffes de fantaisie et de rouennerie, telles que coutils, nankins, madras, cote-palis, se travaillent principalement à *Rouen*, à *Troyes*, à *Nantes*, à *Roubais*, à *Montpellier*, à *Saint-Quentin* et à *Limoges*.

Les étoffes de soie et de velours se fabriquent à *Lyon*, les taffetas à *Nîmes*, les soieries pour ameublement à *Tours*, les rubans à *Saint-Étienne* et à *Saint-Chaumont*.

Les villes d'*Alençon*, de *Mulhouse*, de *Tarare* et de *Fécamp* sont célèbres par leurs ateliers de broderies.

Caen, le *Puy* et *Bayeux* sont célèbres par leurs dentelles.

On fabrique des dentelles et de la batiste à *Valenciennes*, à *Saint-Quentin* et au *Cateau*. On connaît les gazes et les tulles brodés de *Metz*, de *Calais* et de *Saint-Quentin*.

Les fonderies de canons de *Toulouse* et de *Nevers* sont dignes d'être mentionnées, ainsi que les forges du

Berri. Les grandes fonderies de fer sont au *Creuzot* et à *Pourchambaud*.

On trouve dans la Bretagne des mines de plomb très-bien exploitées.

Paris, *Moulins*, *Langres*, *Chatellerault* et *Thiers* ont des fabriques de coutellerie importantes. Les manufactures de *Saint-Étienne*, de *Tulle* fournissent à l'armée et aux arsenaux une grande partie des armes. *Paris*, *Versailles* fournissent des armes de luxe parfaitement soignées.

Annonay dans le Vivarais, *Angoulème*, *Limoges*, livrent au commerce une énorme quantité de papiers.

Les plus beaux produits de porcelaines sont donnés par *Paris*, *Limoges*, *Bayeux*, *Claie*, *Toulouse* et *Sarguemines* font des poteries blanches imprimées et peintes ; mais c'est à *Paris* seul que se font les belles peintures sur porcelaine, etc., etc.

Nous ne prétendons pas ici donner une nomenclature exacte de toutes les fabrications les plus remarquables de France. C'est seulement un cadre que chaque professeur remplira beaucoup mieux que nous.

INSTRUMENS DONT IL FAUT ÊTRE MUNI POUR DESSINER LES CARTES.

Plusieurs *règles* de diverses longueurs sont nécessaires.

Un *pistolet* est utile pour tracer les courbes sur lesquelles on dispose les noms des mers, des états, etc. C'est un instrument de bois, sur les contours duquel on peut trouver parfaitement toutes les courbes possibles, ou entières, ou au moins par parties.

On doit avoir *deux compas*, l'un assez grand pour tracer les intersections, et l'autre plus petit, pour indiquer les petites divisions.

Le *tire-ligne* est indispensable pour tracer les grandes lignes, c'est un instrument très-commode quand on en a soin.

On n'emploiera pour faire les esquisses que des

crayons tendres; les crayons de Conté n° 2 sont très-propres à ce genre de travail : on efface les traits irréguliers ou inexacts en frottant avec un morceau de caoutchouc ou gomme élastique.

Comme il ne s'agira pas dans nos exercices de lever des cartes topographiques, mais seulement de tracer des traits coloriés, il suffit d'être muni de quelques godets, de deux pinceaux et de plusieurs tablettes de couleur telles que *carmin, gomme-gutte, bleu de Prusse, brun rouge, sépia et encre de Chine*. (Je renvoie pour les détails à mon Traité élémentaire d'arpentage et de lavis des plans.)

Quant à l'écriture des cartes, elle se fait à l'encre de la Chine avec une plume de corbeau ou un bout d'aile bien préparé.

Les caractères ordinairement employés sont :

La CAPITALE DROITE, la *CAPITALE PENCHÉE*, le romain droit, le *romain penché* ou l'*italique*.

Quelques dessinateurs emploient les lettres gothiques pour le titre de la carte, qui est renfermé dans un cercle ou dans un ornement.

CARTES GRAVÉES POUR L'ENSEIGNEMENT DE LA GÉOGRAPHIE
PAR LE DESSIN,

ET DONT L'EMPLOI EST INDIQUÉ DANS CET OUVRAGE.

Sur demi-feuille grand-raisin. — Chez L. HACHETTE, libraire.

Ces cartes sont doubles : les unes avec projections de latitude et de longitude, les autres avec les mêmes projections et le tracé du littoral.

Mappemonde. — Europe. — Asie. — Afrique. — Amérique septentrionale. — Amérique méridionale. — Océanie. — France. — Italie. — Allemagne. — Pays-Bas. — Russie. — Turquie. — Angleterre. — Espagne. — Suède, Norwége et Danemarck. — Grèce. — Palestine.

CARTES MURALES (1).

Les objets que l'on a vus fréquemment pendant l'enfance laissent dans la mémoire une trace profonde ; chacun peut facilement se rappeler une foule de détails de la maison paternelle, de la classe où il a passé les premières années de sa vie, tandis qu'on oublie complétement même des particularités beaucoup plus remarquables qui n'ont frappé l'esprit qu'à un âge avancé. Sans chercher à expliquer ce fait dans ses rapports physiologiques et philosophiques, contentons-nous de constater sa réalité, et voyons le parti qu'on pourrait en tirer pour l'instruction des enfans.

Les murs de la plupart des écoles sont nus et enduits d'une couche de chaux, ou de couleur blanche à la colle tirant sur le jaune. Cet aspect assez triste ne laisse rien dans l'esprit des enfans ; on pourrait cependant prêter aux murs d'une classe un langage instructif, qui ferait d'autant plus d'impression, qu'il se répéterait continuellement et sans efforts.

Déjà, dans quelques classes, on a tracé sur les murs les lettres de l'alphabet, les figures du dessin linéaire, et quelques préceptes de morale et de religion.

Allons plus loin, traçons-y les sons et les articulations, les sons simples et composés, les articulations simples, doubles, triples, initiales et finales, et nous aurons un alphabet portant des lettres de trois à quatre pouces de hauteur, que le maître peut tracer lui-même, et qui, exposé à la vue des enfans, hâte les progrès en fixant involontairement leur attention.

(1) L'Auteur de *la Géographie enseignée par le dessin* a publié cet article dans le *Journal de l'Instruction élémentaire*, sous le titre de *Moyen simple et ingénieux d'utiliser les murs d'une école*.

Les cartes de géographie coûtent fort cher, surtout lorsqu'elles sont d'une grande dimension, et c'est alors seulement qu'elles sont utiles ; eh bien! les murs d'une classe vont nous fournir encore d'excellentes cartes de quatre-vingts pieds carrés, et où les élèves apprendront la direction des fleuves et des chaînes de montagnes, la position des pays, avec une facilité qu'on ne soupçonne pas.

Peut-être les instituteurs craignent-ils de ne pouvoir pas tracer ces cartes? Peut-être s'imaginent-ils que ce travail est d'une longueur désespérante? il n'en est rien. Nous savons, par expérience, qu'une carte géographique murale de cinquante pieds carrés peut être dressée et peinte en quatre jours. Nous conseillons de dessiner des cartes *muettes,* ce qui est beaucoup plus facile, attendu que l'on écrit fort mal sur un mur, et qu'il vaut mieux d'ailleurs laisser quelque chose à faire à la mémoire de l'enfant. Les villes sont indiquées par des points noirs. Dans une grande classe, l'on peut tracer une mappemonde de soixante pieds carrés, une carte d'Europe de quatre-vingts pieds carrés, et une carte de France de la même dimension.

Cette idée des cartes géographiques murales nous a été communiquée par M. Rendu, conseiller de l'Université. Elle est mise à exécution depuis long-temps au collége de Pont-Levoy, et un chef d'institution de Paris vient d'en faire tracer une sur le mur blanc d'une de ses classes. Cette carte, qui n'a que quarante-huit pieds carrés, a été dessinée, sous sa direction, par deux élèves de quatorze ans, et elle remplit parfaitement le but que s'est proposé son auteur. Les différens royaumes sont séparés par des lignes de couleurs différentes à l'huile ; la mer est d'une couleur bleue tirant sur le vert, ce qui fait très-bien ressortir les continens laissés en blanc. On a employé des couleurs à l'huile, qui tiennent bien mieux sur le mur ; la dépense ne s'est pas élevée au-delà de dix sous par carte (1).

(1) Les deux brosses coûtent l'une quatre sous, et l'autre six sous. Avec deux sous de chaque couleur on peut peindre au moins une carte

Nous allons indiquer la marche à suivre pour le tracé des cartes murales ; mais avant nous ferons observer aux instituteurs que, si la carte modèle a trois pieds de longueur sur deux de haut par exemple, et qu'ils donnent à leur copie six pieds de longueur et quatre pieds de haut, ils obtiendront une surface quatre fois plus grande.

La surface d'une carte, qui est un rectangle, s'évalue en multipliant la base par la hauteur ; ainsi, dans l'exemple cité précédemment, la première carte aura 3×2 ou 6 pieds carrés, et la seconde 6×4 ou 24 pieds carrés, c'est-à-dire une surface quadruple. En triplant les côtés, la nouvelle surface devient neuf fois plus grande ; en la quadruplant, elle devient seize fois plus grande, et ainsi de suite.

Comme une carte d'Europe est plus facile à tracer qu'une mappemonde, à cause de la projection des méridiens, nous commencerons par les cartes comprises dans un rectangle.

CARTE D'EUROPE.

Nous supposons que l'instituteur a une carte d'Europe gravée, et qui doit lui servir de modèle ; soit la longueur de 30 pouces et la hauteur de 24, en quadruplant ces portions, on aurait cent vingt et quatre-vingt-seize pouces, ou dix pieds sur huit ; ce qui produirait la surface de quatre-vingts pieds carrés que nous avons indiquée. Suivant les localités, on prendra des proportions plus grandes ou plus petites. On trouve facilement une grande règle de six pieds chez le menuisier ; mais cette règle n'atteindrait pas les deux extrémités, voici comme on y supplée. On prend une corde sur laquelle on a passé la craie à plusieurs reprises, on cherche une horizontale avec le niveau de maçon, et l'on tend sa corde dans la direction de l'horizontale. Quand elle est bien tendue, on la pince au milieu en l'écartant du mur ; en retombant elle laisse une empreinte que l'on remplace au moyen de la règle, par une ligne au crayon noir ou à la pierre noire. On élève deux verticales aux extrémités avec une équerre, et on trace les lignes avec la corde blanchie d'abord, et avec la règle ensuite. On termine le rectangle par le haut; ce côté doit être parfaitement égal à la base, c'est un moyen de vérification; il n'est pas infaillible, car il pourrait arriver que les deux angles, au lieu d'être droits, fussent également obliques; mais ce cas est trop rare pour qu'on le suppose.

Notre cadre est *indiqué;* il nous reste encore à tracer les degrés de latitude et de longitude.

Tout le monde sait que la latitude d'un lieu est la distance de ce lieu à l'équateur. La latitude est indiquée sur les cartes géographiques par des lignes dans le même sens que la base.

La longitude d'un lieu est la distance de ce lieu au premier méridien que les Français font passer à Paris par l'Observatoire.

Les degrés de longitude sont indiqués sur les cartes géographiques par des lignes dans le même sens que les côtés, c'est-à-dire de haut en bas.

Commençons par les degrés de longitude, que nous traçons en lignes brisées, et qui servent à indiquer les degrés de latitude.

Sur l'encadrement servant de base à la carte gravée, je prends avec une ouverture de compas la distance entre les méridiens ou degrés de longitude, je la quadruple et je la porte sur la base de ma carte murale; j'en fais autant pour le côté supérieur, que je divise en autant de parties qu'en indique la carte gravée; seulement je prends le soin de les quadrupler. Je divise également les côtés verticaux en parties proportionnelles à la carte gravée. Quand tous ces points sont marqués sur le cadre de ma carte murale, je me sers de la corde blanchie pour tracer les méridiens, que je passe ensuite au crayon noir.

Quant aux degrés de latitude, on suit une autre marche encore plus facile, s'il est possible. On mesure sur la carte gravée, en commençant par le haut, les distances des degrés de latitude au côté supérieur du cadre, mais sur les méridiens : en quadruplant ces distances et en les portant sur les méridiens déjà tracés sur la carte murale, ils se trouvent divisés tous dans leur longueur.

Il ne reste plus qu'à joindre ces points d'intersection par des droites. Au lieu de courbes, on trace des lignes brisées; mais il n'y a pas de jarrets, ou ils sont imperceptibles, et la courbe est suffisamment bien imitée.

On voit donc que les deux procédés que nous venons d'expliquer ont pour but de diviser les deux cartes en autant de quadrilatères l'un que l'autre, disposés de la même manière, et qui ne doivent différer entre eux que par la grandeur.

Quand la carte murale est ainsi préparée, il ne reste plus qu'à copier, carreau par carreau, tout ce qui se trouve sur le modèle. D'abord on tracera au crayon, 1° *le trait du littoral :* ce trait doit être détaillé autant qu'il convient, mais il ne faut pas en abuser; la trop grande multiplicité de contours sinueux est sans utilité et nuit à la clarté du dessin; 2° *la séparation des états limitrophes :* on mettra dans ce tracé toute l'exactitude possible; 3° *les îles :* la place doit être parfaitement juste, quant au contour; il suffira de lui donner la forme du modèle ; 4° *les fleuves et rivières principales :* pour les distinguer facilement à la vue, on peut dessiner les fleuves en deux lignes parallèles, qui se resserrent de plus en plus à mesure qu'ils approchent de la source ; les rivières seront indiquées par un seul trait ; 5° *les montagnes :* comme il n'y a aucune règle déterminée pour le dessin des montagnes, on tâchera, autant qu'il sera possible, d'indiquer les chaînes comme elles le sont dans le modèle; si le modèle était trop ancien, et si les montagnes y étaient représentées en demi-perspective, il suffirait de rapprocher un peu les profils et de les lier d'avantage, en se rapprochant de la vue à vol d'oiseau ; 6° *les villes principales.*

On appelle *positions*, en géographie, les signes dont on se sert pour indiquer les capitales, villes, bourgs, villages. Dans la carte d'Europe, les instituteurs n'indiqueront que les capitales et les villes principales; pour les premières, ils emploient deux cercles concentriques ou décrits du même centre; pour les secondes, un cercle suffira. S'ils veulent faire reconnaître les villes fortifiées, ils les représenteront par un petit carré avec une corne à chaque angle.

Nous ne conseillons pas d'étendre plus loin le dessin des cartes, ce serait établir une confusion qui nuirait à l'enseignement. Le but de l'instituteur n'est pas de faire une carte dont toutes les parties soient bien proportionnées, bien dessinées, mais de faire une carte utile où les objets principaux ne soient pas omis.

Voilà notre carte d'Europe entièrement dessinée; mais le trait au crayon serait inaperçu; il faut le remplacer par un trait au pinceau avec de la couleur à l'huile.

On prendra donc un peu de *noir d'ivoire*, de *vermillon*, d'*ocre jaune*, de *bleu de Prusse*.

Ces quatre couleurs suffiront : elles devront être broyées et bien préparées; il faut se procurer encore deux *brosses*, c'est-à-dire deux pinceaux en poils, l'un fin, et l'autre plat et large.

L'instituteur, selon son goût, emploiera différentes teintes pour tracer les limites ou séparations d'états, pour tracer le littoral. Ainsi on peut combiner une partie de vermillon avec quatre parties d'ocre jaune, et l'on obtient une couleur orange qui s'emploie très-bien. Une partie de vermillon et trois de bleu de Prusse donneront une couleur violette. On peut modifier cette dernière couleur avec un peu d'ocre jaune.

On se servira de la brosse fine pour dessiner le littoral, les limites, les îles, les montagnes, les fleuves et les villes. Les fleuves et rivières seront peints en noir d'ivoire mélangé avec un peu de bleu. Cette teinte n'est pas celle de la nature, mais elle est indiquée par l'expérience; on distingue alors parfaitement les sinuosités des rivières et des fleuves. Par le même motif, on mettra les villes et les capitales au vermillon pur.

Les montagnes s'ombreront avec un peu d'ocre, de vermillon et de noir d'ivoire mélangés et combinés.

Avec la brosse plate on peindra la mer en bleu ou vert très-clair; le vert, comme on sait, s'obtient en combinant du jaune et du bleu. Il faut que la teinte soit très-légère; on délaiera sa couleur dans beaucoup d'huile.

Il ne restera plus qu'à encadrer sa carte dans une bordure au noir d'ivoire. On fera bien d'indiquer les degrés de longitude et de latitude par des chiffres, pour habituer les élèves à se rendre compte de la position des villes et des pays par rapport à l'équateur et au premier méridien.

Quand cette carte sera ainsi disposée, on peut comprendre tout l'avantage que les élèves devront en retirer. D'abord et à leur insu, la carte se gravera bientôt dans leur tête, car si les enfans regardent sans beaucoup d'attention, ils regardent souvent les mêmes objets quand ils se présentent à eux continuellement. En second lieu, la leçon de géographie, au lieu d'être une leçon stérile, consistant à apprendre de mémoire des noms et des mots ne présentant aucune image, se convertira en un jeu qui consistera à donner des noms à des objets matériels et sensibles, et les progrès seront aussi rapides qu'ils étaient lents auparavant; car nous pouvons assurer qu'il y a en France bien peu d'écoles de campagne où les élèves soient pourvus de cartes géographiques.

CARTE DE FRANCE.

Les dimensions de cette carte seront de dix pieds de large sur huit de hauteur, ce qui donnera encore une carte de quatre-vingts pieds carrés. Si le mur ne permettait pas de disposer d'une surface aussi considérable, on pourrait, sans inconvénient, réduire les proportions : le procédé serait le même dans l'un et dans l'autre cas. Seulement nous ferons remarquer aux instituteurs qu'il est bien important pour eux d'adopter, comme modèle, une carte dont les dimensions en longueur et largeur puissent être multipliées exactement; autrement le tracé deviendrait très-compliqué, et il faudrait avoir recours à une échelle des *diximes*.

Nous supposons donc que la carte de France que l'on copie a trente pouces de large sur vingt-quatre pouces de haut; on quadruplera ces proportions, et on aura une carte murale de quatre-vingts pieds carrés. Nous répétons encore que ces dimensions ne sont prises que comme exemple, et qu'il suffit de multiplier la hauteur et la largeur par trois, par quatre ou par cinq, suivant la grandeur de la carte modèle, et selon la disposition du local.

Avant tout, il faut tracer le cadre. Nous renvoyons au premier article pour cette opération, ainsi que pour le tracé des degrés de latitude et de longitude. Quand cette préparation sera terminée, on tracera la portion du littoral de l'Angleterre, qui se trouve compris sur la carte de France, et qui y figure comme ligne de rapport.

On pourra tracer également une partie du littoral de l'Espagne; puis en remontant le long des départemens des Basses Pyrénées, des Landes et de la Gironde, arriver jusqu'à l'embouchure de la Gironde : cette partie du littoral de la France est presque en ligne droite.

On reprendra alors au 48e degré, à la pointe du département du Finistère, et l'on redescendra le long des côtes du Morbihan et du département de la Loire-Inférieure, où se trouve l'embouchure de la Loire, près de Paimbœuf. Il ne resterait plus, pour rejoindre l'embouchure de la Gironde, qu'à dessiner le littoral de la Vendée et des départemens de la Charente et de la Charente-Inférieure. Ce littoral est beaucoup plus varié dans son contour et il est plus facile de le dessiner en descendant.

Dunkerque étant le point le plus au nord de la France, et presque au méridien de Paris, on marquera sa position, et l'on redescendra en dessinant le contour des départemens du Pas-de-Calais, de la Somme, de la Seine-Inférieure, où se trouve l'embouchure de la Seine.

On marquera la position du cap de la Hogue, et on rejoindra l'embouchure de la Seine, en traçant le littoral à droite du département de la Manche et des départemens du Calvados et de l'Eure. En se reportant au cap de la Hogue, on dessinera le littoral à gauche du département de la Manche et des départemens d'Ille-et-Vilaine, des Côtes-du-Nord et du Finistère.

Toute la partie de l'Ouest se trouvant indiquée, il faudra tracer le bassin de la Méditerranée, en commençant au premier degré de longitude, au-dessus de Port-

Vendre. Les départemens des Pyrénées-Orientales, de l'Aude, de l'Hérault et des Bouches-du-Rhône sont baignés par la Méditerranée, et forment le golfe de Lyon. Après avoir indiqué l'embouchure du Rhône et les côtes du département du Vard, on remontera jusqu'au golfe de Gènes, en ayant soin de marquer la position de Nice.

La Corse appartient à la France, mais se trouve en dehors des limites que nous avons indiquées : on la dessinera dans un petit cadre à part que l'on placera ou dans l'Océan, au-dessus du littoral de l'Espagne, ou dans le vide laissé au-dessous de Strasbourg, par la Suisse et les états du roi de Sardaigne. Si l'on désire indiquer la relation de ces deux états avec la France, il faudra la placer dans l'Océan, entre le 44e et le 46e degré de latitude.

On indiquera ensuite les îles d'Aurigny, de Guernesey, de Gersey, d'Ouessant, de Belle-Ile, de Noirmoutier, l'Ile-Dieu, les îles de Ré et d'Oléron ; et dans la Méditerranée, les îles d'Hyères et de Lerins.

Après avoir dessiné les îles, on tracera le cours des principaux fleuves, de la Seine, de la Loire, du Rhône, de la Gironde et de ses deux rivières principales, la Garonne et la Dordogne.

Afin d'indiquer les villes, on tracera un petit cercle pour les chefs-lieux d'arrondissemens, deux cercles concentriques pour les chefs-lieux de département, et trois cercles pour les principales villes de la France. Les villes fortifiées seront indiquées par un carré.

Si l'on veut étudier la carte de France d'après l'ancienne et la nouvelle division, on partagera la France en trente-six provinces, séparées par un trait bleu ; les provinces seront divisées en départemens, indiqués par un tracé léger de vermillon.

Il ne restera plus qu'à peindre la mer en vert clair, et qu'à encadrer la carte dans une bordure bien noire.

On écrira les chiffres qui indiquent les degrés de latitude et de longitude. Dans plusieurs cartes de France, le haut indique les degrés de longitude du méridien de Paris, et le bas les degrés de longitude du méridien de l'île de Fer, la plus occidentale des îles Canaries : nous engageons les instituteurs à faire mettre au haut et au bas les degrés de longitude selon le méridien de Paris. Les nouveaux ouvrages de géographie ne portent que l'indication de la longitude du méridien de Paris, et si par hasard on devait consulter les anciennes cartes, le calcul de conversion est tellement simple, qu'il n'est pas nécessaire de s'y arrêter.

Si on voulait dessiner les montagnes des Cévennes, on pourrait le faire avec un trait léger, mais on peut très-bien les négliger, ainsi que les Vosges et le Jura.

MAPPEMONDE.

La mappemonde représente la terre divisée en deux hémisphères. Nous ne parlerons pas des différentes projections selon lesquelles on peut tracer la mappemonde; ce serait compliquer singulièrement notre travail. Quoique la projection polaire soit assez employée et offre une description exacte des régions circompolaires, nous n'indiquerons que la projection ordinaire employée dans toutes les écoles et dans tous les traités élémentaires de géographie.

On tracera sur le mur une horizontale d'une certaine longueur, que l'on divisera en deux parties égales; chacune de ces parties égales est le diamètre d'un des hémisphères.

Si on trace une ligne de douze pieds de longueur, chaque diamètre sera de six pieds; or la surface d'un cercle de six pieds de diamètre ou de trois pieds de rayon est de vingt-huit pieds carrés et environ un cinquième, ce qui donnerait, pour la surface de la mappemonde, cinquante-six pieds carrés deux cinquièmes.

Si on trace une ligne de quatorze pieds de longueur, le diamètre sera de sept pieds, et le rayon de trois pieds et demi. La surface d'un cercle de trois pieds et demi est de trente-huit pieds carrés et demi : la mappemonde sera donc de soixante-dix-sept pieds carrés.

Si l'emplacement permettait de disposer d'une ligne de seize pieds de longueur, les deux diamètres seraient de huit pieds, et les rayons de quatre pieds. Or, la surface d'un cercle de quatre pieds de rayon est de cinquante pieds carrés et un quart, ce qui donnerait pour la mappemonde cent pieds carrés et demi. Dans le premier cas, la mappemonde aura six pieds de hauteur; dans le second cas, sept pieds; et dans le dernier, huit pieds.

Prenons pour exemple la ligne de douze pieds : je la divise en deux parties égales, qui doivent être les diamètres des deux hémisphères; je divise chaque diamètre en deux parties égales, ce qui me donne les centres des deux hémisphères. De ces deux centres successivement, et avec un rayon de trois pieds, je décris deux circonférences tangentes l'une à l'autre, c'est-à-dire qui ne doivent se toucher qu'en un seul point.

Au centre de chacun des deux hémisphères, j'élève une verticale qui indiquera les *pôles*. Les deux hémisphères se trouvent par ce moyen divisés en quatre quadrans ou arcs de cercle de quatre-vingt-dix degrés. Par le tâtonnement, on divise chaque quart de circonférence en neuf parties égales, ainsi que tous les rayons. Il ne s'agit plus que de faire passer des arcs de cercle par les points correspondans. Soient numérotés tous les points de division sur chaque quadrant et sur chaque rayon, de manière que le point 1 se trouve près du pôle et le point 9 près la ligne horizontale que l'on a tracée d'abord, et qui maintenant représente l'*équateur*. Prolongez la verticale qui passe par les pôles, et cherchez par le tâtonnement un point sur cette ligne, tel que la distance aux trois points 9 soit la même. C'est le centre de l'arc de cercle qui doit passer par ces trois points. De ce point comme centre, et avec une corde, vous décrivez l'arc de cercle; vous cherchez ensuite le centre de l'arc qui doit passer par les trois points numérotés 8, et ainsi de suite jusqu'au dernier, qui a pour centre le pôle lui-même.

Comme les quatre demi-cercles sont égaux, le travail qui a été fait pour le premier convient aux trois autres, et il n'y a plus qu'à marquer les mêmes distances.

Ces arcs de cercles que nous venons de faire tracer

sont les *parallèles;* ces arcs ne sont pas parallèles sur la mappemonde, parce qu'ils sont représentés en perspective, mais ils sont parallèles sur les globes en carton : c'est ce qui leur a valu le nom qu'ils portent.

Pour tracer les demi-cercles qui doivent passer par les pôles et par les divisions de l'équateur, il faut chercher le centre sur l'équateur ou sur son prolongement : il suffit de remarquer que rien n'est plus facile, lorsque la division en neuf parties de chaque rayon de l'équateur est déjà faite exactement.

Le tracé du méridien, tel que nous venons de l'indiquer, n'est pas celui que l'on emploie habituellement, mais il est très-convenable pour l'étude. Dans les mappemondes ordinaires, on représente le globe de carton tel qu'il paraît à l'œil de l'observateur, c'est-à-dire en perspective; mais il y a un assez grave inconvénient dans ce trait, c'est que les différentes parties du globe se trouvent comprises ou dans des méridiens plus rapprochés, ou entre des méridiens plus éloignés : il est impossible à des yeux peu exercés aux illusions de l'optique de donner la véritable dimension aux contrées. Dans le tracé que nous avons indiqué, les méridiens sont également espacés, et cette différence est moins sensible.

Quand les parallèles et les méridiens sont tracés, il n'y a plus qu'à dessiner, dans chaque quadrilatère du mur, ce qui est contenu dans le quadrilatère correspondant de la mappemonde qui sert de modèle.

On ne marquera que les limites des royaumes et les principaux fleuves du monde. Les capitales seront indiquées par un très-petit point.

Les cinq parties du monde seront indiquées par une couleur différente; la mer sera peinte en vert clair, et les contours des îles recevront la couleur de la partie du monde à laquelle elles appartiennent.

MAPPEMONDE D'APRÈS MERCATOR.

Les inconvéniens des projections employées habituellement ont engagé les géographes à donner aux mappemondes une forme différente.

Le planisphère de Mercator est le développement d'un cylindre. Dans ce développement, les parallèles et les méridiens sont des lignes droites qui se coupent toutes à angles droits. Les enfans comprennent mieux sur ce planisphère la relation des différentes parties du monde; mais, d'un autre côté, ils peuvent, en voyant une carte carrée, se faire une idée bien extraordinaire de la terre, qui est un sphéroïde ou boule un peu aplatie aux pôles. Nous ne parlons ici du planisphère de Mercator que pour les écoles où les murs présenteraient un grand espace; une mappemonde et le planisphère de Mercator seraient très-utiles ensemble; on comprendrait sur l'une des deux cartes ce qui aurait échappé sur l'autre.

La classe est pourvue d'autant de cartes géographiques murales qu'il est nécessaire pour étudier avec intérêt.

La mappemonde donne l'idée générale de la terre et de ses continens. On y fera remarquer aux élèves la proportion de l'eau à la terre, le nombre et l'importance des îles, la différence des climats, des saisons, etc.

L'Europe renferme les états les plus importans du monde par la civilisation, les lumières, les beaux-arts, l'industrie et le commerce, à l'exception cependant des États-Unis, qui font partie de l'Amérique.

Sur la carte d'Europe, on peut suivre avec intérêt l'histoire des principaux peuples.

Enfin, la France offre aux élèves le détail de ses provinces et de ses départemens. C'est une carte que nous recommandons aux soins des instituteurs. Il est honteux pour un Français de ne pas connaître la situation de son pays.

FIN.

TABLE DES MATIÈRES.

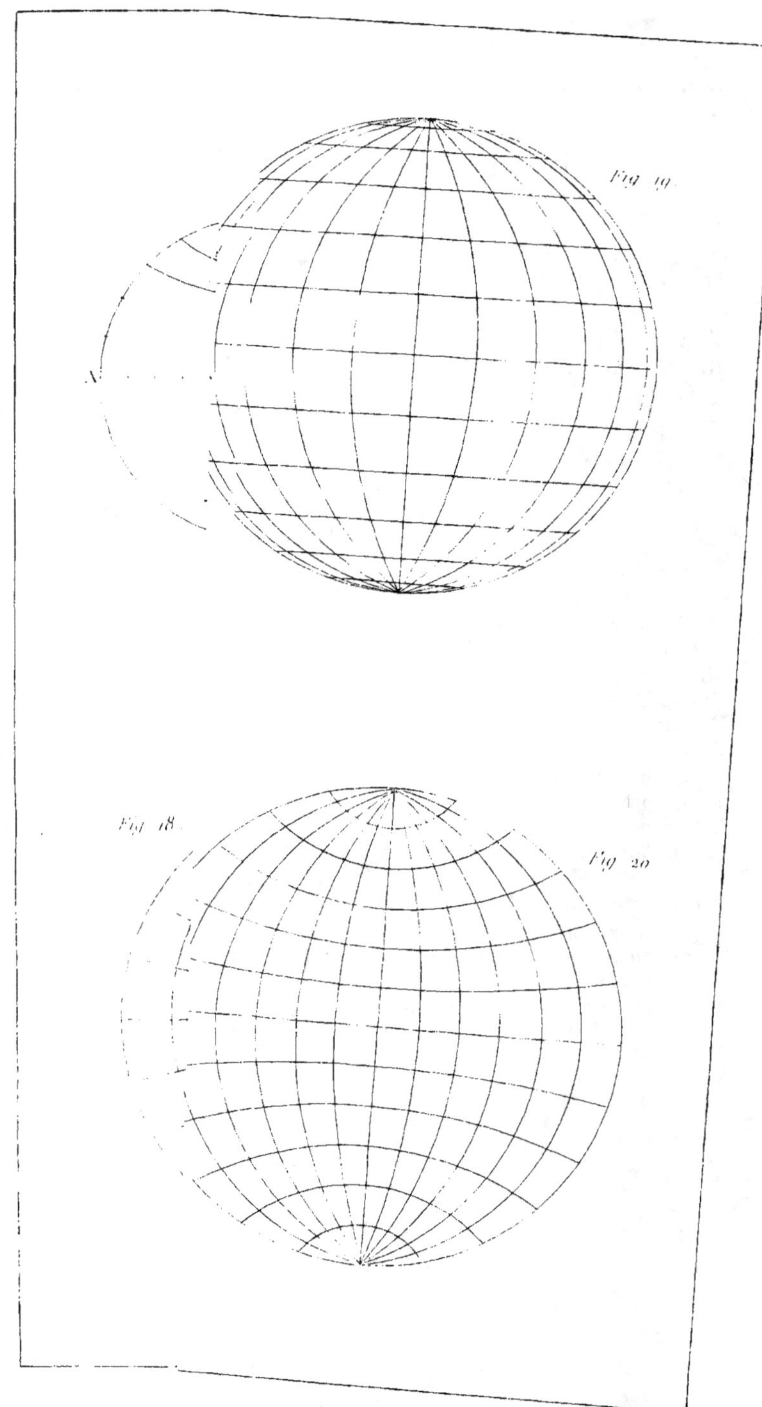

Fig. 19.
Fig. 18.
Fig. 20.

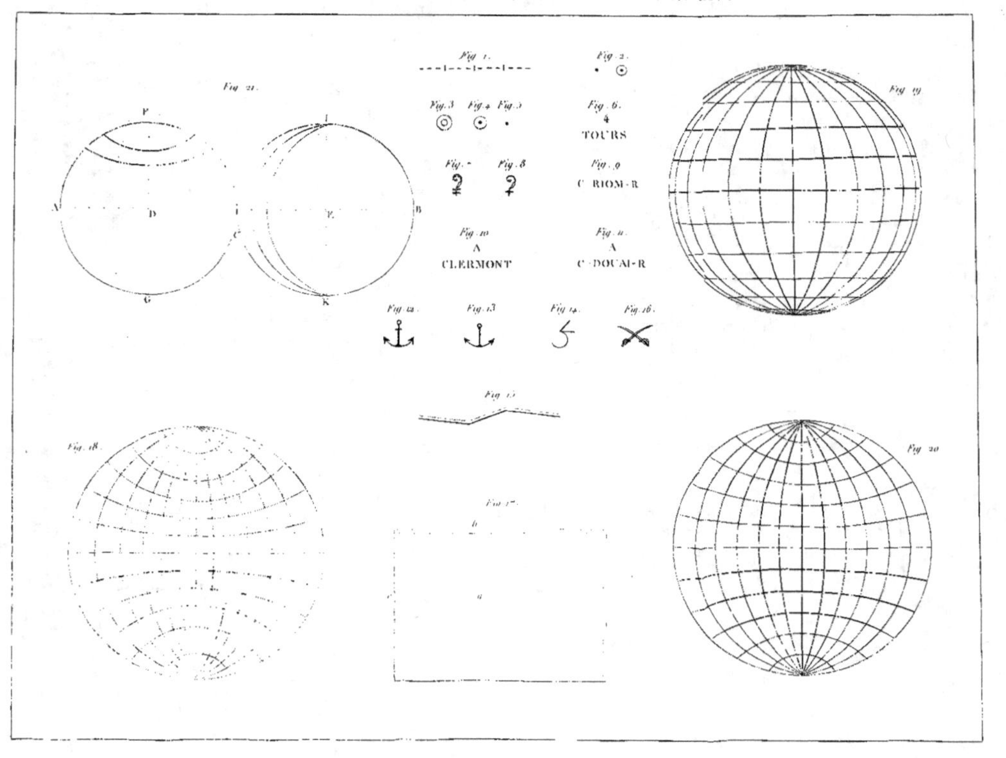

légitime-
...ns bon que
...mauvais désirs
...és, et nous ne
...amour déréglé de
...t ou du plaisir.

...quoi n'est-il pas permis de
...autrui ? — Est-ce mal faire
...r adresse ? — Est-il permis
...qui a été pris? — Le faux té-
...st-il défendu qu'en justice ? —
...de parler du mal que quelqu'un
...st-il permis de mentir ? — Que
...uvième commandement ? — Le
...Pourquoi ces désirs sont-ils dé-

que c'est de Dieu qu'ils tiennent ...
...sistance, les riches aussi bien que
...pauvres, et nous devons tous les jours
commencer à demander notre pain, p...
que notre besoin recommence touj...
Ce pain signifie encore la nourriture
rituelle de nos ames, la parole de D...
la Grace, l'Eucharistie. Nous deu...
...dons à Dieu la rémission de nos péc...
parce que nous sommes tous pécheur...
nous commettons tous les jours au m...
des fautes légères, qui ne laissent ...
d'être très-dangereuses. Nous consen...
que Dieu ne nous pardonne point, si ...
ne pardonnons aux autres. Pour pr...
nir les péchés, nous prions Dieu de

nom de Dieu en vain. 3. Sous-
sanctifier le jour du repos.
ton père et ta mère afin que
-temps. 5. Tu ne tueras point.
...mettras point de fornication.
...oberas point. 8. Tu ne diras
...x témoignage contre ton pro-
...ne désireras point sa femme.
...ésireras point ses biens. Pour
...lus aisément, on les a mis en
...seul Dieu tu adoreras et ai-
...tement. Dieu en vain tu ne
...autre chose pareillement. Les
...sanctifieras, en servant Dieu
Tes père et mère honoreras,
...vives longuement. Homicide
...as, de fait ni volontairement.
...oint ne seras, de corps ni
...ment. Les biens d'autrui tu ne
...retiendras à ton escient. Faux
...ne diras, ni mentiras aucu-
...euvre de chair ne désireras
...ge seulement. Biens d'autrui
...as, pour les avoir injuste-
...ces commandemens se ré-
...eux, aimer Dieu sur toutes
...prochain comme soi-même.
...mme est notre prochain.

...Qu'est-ce que le Décalogue ? —
...Quel est le premier commande-
...second commandement ? — Le

troisième ? — Le quatrième ? — Le cinq...
— Le sixième ? — Le septième ? — Le hui...
— Le neuvième ? — Le dixième ? — Q...
notre prochain? — A combien peut-on r...
ces commandemens?

LEÇON XV.

Des trois premiers Commandemen...

Le premier Commandement nou...
donne d'honorer Dieu comme notr...
teur et notre souverain maître, e...
ce qui s'appelle adorer. Nous l'hon...
par la Foi, en croyant fermement c...
a enseigné à son Eglise; par l'...
rance, attendant avec confiance le...
qu'il nous a promis; par la CH...
l'aimant de tout notre cœur, et g...
ses Commandemens. Il faut donc ò...
Dieu, et le prier souvent, ne ...
honneur à aucune créature que pas...
port à lui, et ne l'honorer lui-mêm...
de la manière qu'il l'a commandé ...
vraie religion. Le second Command...
défend de jurer aucunement, si c...
en justice, ou pour prêter quelqu...
serment solennel. Il défend enco...
de blasphémer, c'est-à-dire, de...
avec mépris de Dieu et des Sain...
troisième Commandement ordon...
sanctifier le jour du repos, c'est-à...
le Dimanche, en mémoire de la c...